CUANDO EL AMOR ES MÁS FUERTE QUE LA MUERTE

De madres y padres que perdieron a sus hijos e hijas
para madres y padres que perdieron a sus hijos e hijas

MARCELO RITTNER
ANA GLADYS VARGAS

Grijalbo

Cuando el amor es más fuerte que la muerte
De madres y padres que perdieron a sus hijos e hijas, para madres y padres que perdieron a sus hijos e hijas

Primera edición: noviembre, 2019

D. R. © 2019, Marcelo Rittner y Ana Gladys Vargas

D. R. © 2019, derechos de edición mundiales en lengua castellana:
Penguin Random House Grupo Editorial, S. A. de C. V.
Blvd. Miguel de Cervantes Saavedra núm. 301, 1er piso,
colonia Granada, alcaldía Miguel Hidalgo, C. P. 11520,
Ciudad de México

www.megustaleer.mx

ISBN: 978-607-318-355-0

Impreso en México – *Printed in Mexico*

El papel utilizado para la impresión de este libro ha sido fabricado a partir de madera
procedente de bosques y plantaciones gestionadas con los más altos estándares ambientales,
garantizando una explotación de los recursos sostenible con el medio ambiente y beneficiosa para las personas.

Penguin
Random House
Grupo Editorial

Recordar: del latín *re-cordis*,
volver a pasar por el corazón.

Empezaremos a vivir de nuevo;
pero no podremos hacerlo
hasta que no hayamos recorrido el largo
y difícil camino del duelo.
ELISABETH KÜBLER-ROSS y DAVID KESSLER

CONTENIDO

· ·

III

NOTA DE LOS AUTORES

· ·

Hoy que finalizamos el libro me dedico a escribir estas líneas compartidas con mi coautora. Años atrás conocí a la psicoterapeuta Ana Gladys Vargas, quien por medio de una amiga en común me extendió una invitación para acompañarla junto con integrantes de la ONG Tech-Palewi, que Ana Gladys codirige, a llevar consuelo a los padres y familiares que lloraban la muerte de los niños y niñas de la Guardería ABC, en Sonora. Ella les había llevado copias de mi libro *Aprendiendo a decir adiós*, y los padres querían un encuentro. Esos dos días fueron un parteaguas en mi vida. Muy pocas veces en mis 44 años de vida pastoral me sentí tan conmovido hasta mis fibras más íntimas como ese día, donde lloramos juntos, platicamos y, pese a ser todos ellos católicos y yo un rabino, formamos un círculo de oración juntos, respetuosamente, con una fe y un sentimiento único y puro, que reafirmaba mi concepto acerca de los sentimientos universales que compartimos. Mi vida como ser humano y mi ser religioso tuvieron en ese instante de asombro y reconocimiento un nuevo momento. Y lo que comenzó con un encuentro ordinario se transformó en una experiencia extraordinaria. Desde entonces, en otras oportunidades Ana Gladys y yo participamos en varios encuentros. En cada uno de ellos nos preguntábamos: "¿Cómo podemos ayudar a estos padres?".

Cerca de dos años después, un directivo de mi sinagoga me pidió visitar a una familia que acababa de perder un hijo y estaba desconsolada. Ahí conocí a Laura y Juan Carlos, y también a sus hijos, hoy queridos amigos. Bellas personas confrontadas por una tragedia, como tú, lector o lectora. Juan Carlos estaba muy enfocado en que no existe en ningún idioma una palabra para un padre o madre que perdieron a un hijo o una hija. Cuando fallecen tus papás pasas a ser huérfano, pero cuando un hijo muere no existe, en ningún idioma, una palabra que te describe. Juan Carlos escribió a la Real Academia Española, platicó con su sacerdote y con amigos, pero no logró resolverlo. Mientras tomábamos un café, me sugirió hacer un libro que buscara crear esa palabra. Y entre estos encuentros y los otros, surgió la idea de este libro que está ahora en tus manos.

Fue una tarea difícil, compleja, que llevó más del doble del tiempo que habíamos pensado. Teníamos mucho miedo de lastimar en lugar de sanar, y cada palabra de cada texto fue escrita y revisada. Hoy estamos entregándoles páginas llenas, queridos papás y mamás, de su amor, su ternura, su nostalgia, de sus luchas y dificultades, y también de esperanzas y recuerdos. Les entregamos un libro preparado de corazón a corazón, que no pretende ser una publicación académica, sino páginas donde ustedes mismos a lo largo del libro podrán escribir sus sentimientos y reacciones (cuando vean esta pluma, ✒, encontrarán un espacio para escribir sus propias reflexiones), sumados a los de los padres y madres que participaron en la elaboración del libro.

Gracias a todos ellos, a todas ellas, a cada uno y a cada una por una entrega tan valiente, honesta y difícil. Sin duda alguna ustedes fueron los arquitectos que dieron contenido y sentido a cada página.

Quiero agradecer especialmente a Ana Gladys Vargas por compartir este proyecto y llenarlo de enseñanzas y mensajes que ciertamente los ayudarán a cruzar el valle de las sombras y volver a encontrar el sentido en su vida, porque el amor es más fuerte que la muerte. Le agradezco su amistad, su entrega, su profesionalismo y sensibilidad. Especialmente el poder trabajar en equipo a gusto. Ana Gladys está comprometida con un mundo mejor, con abrir su corazón a las necesidades de todas las personas que se acercan a ella y a su magnífica asociación, Tech-Palewi. Gracias, Ana Gladys, el mérito es tuyo y el honor, mío.

Gracias a Roberto Banchik, amigo y director de Penguin Random House Grupo Editorial, por siempre apoyarme en los proyectos. A Ariel Rosales, editor, siempre con la palabra y el consejo apropiados. A David Velázquez, editor, con quien es siempre un gran placer trabajar.

A nuestras familias, a los que siempre nos alentaron, y a cada padre y madre que enfrenta una tragedia única como lo es que su hijo o su hija sean arrancados de sus brazos para la eternidad. Los queremos, con un abrazo virtual los estrechamos y lloramos con ustedes, porque el amor es más fuerte que la muerte.

Que nuestra gran comunidad, familia, amigos, conocidos, los rodee de amor y cuidados, mientras recorren el camino del luto hacia un tiempo de sanación en sus vidas. Que sea el recuerdo de tu amado hijo, de tu amada hija, una dulce y duradera bendición.

Con bendiciones de paz interior. Estamos juntos.

Rabino Marcelo Rittner
y psicoterapeuta Ana Gladys Vargas

Tus alas estaban
listas para volar,
pero mi corazón
nunca estuvo listo...
para verte partir.

DE CORAZÓN A CORAZÓN

· ·

No sería imaginable para nosotros comenzar a compartirles nuestra tarea sin abrazar y besar, larga y silenciosamente, a cada una de las madres y padres que han abierto sus corazones y que han sido capaces de revivir momentos de tanto dolor, por el solo deseo de compartir con ustedes, lectores, sus sentimientos y experiencias, para ayudarlos a transitar por el oscuro camino del dolor y acercarlos a la luz de la paz a partir de su propia experiencia personal. Este libro es el resultado del amor de un grupo de madres y padres que han sido y son la fuente de inspiración, y a los cuales les estamos profundamente agradecidos por su apoyo y por la forma tan generosa con la que compartieron sus testimonios de amor y de vida. Sin su sensibilidad y valor, su coraje, sin su entrega a la memoria, al amor y al recuerdo, no podríamos haber puesto nuestra semilla en forma de libro. Que la memoria de cada uno de los que recordamos en estas páginas sea para ustedes una bendición, tal y como lo fue su vida para sus madres y padres.

Gracias, de corazón a corazón, a:

Carolina, mamá de Pato.
Galia, mamá de Tamara.
Gloria, mamá de José Gustavo.
Ivonne, mamá de Mau.
Laila y Anuar, mamá y papá de Anuar.
Laura y Juan Carlos, mamá y papá de Diego.
Lety y José Luis, mamá y papá de José Pablo y Milly.
Luis, papá de Ian.
Lupita, mamá de María.
Marcela, mamá de Chema y Santiago.
Miguel, papá de Miguel.
Mónica, mamá de Pierre.
Paloma, mamá de Álvaro.
Raquel, mamá de Jaim.
Santiago, papá de Tomás y Santiago.

Que los ángeles celestiales protejan el camino de sus hijos
e hijas en el viaje a la eternidad.
Salmo 91

Cuando lloramos a un ser querido,
es difícil no sentirse solo en el mundo y
aceptar que nadie,
nadie,
podrá llenar el vacío que ha quedado.

EL PORQUÉ DE ESTE LIBRO

Escribir este testimonio es una tarea que revive momentos y sentimientos que quisieras ya no traer a la memoria; pero el hecho de pensar que tal vez ayudará a otros padres que sufrieron la pérdida de un hijo o hija me alimenta el espíritu y me da fuerza para hacerlo.

JUAN CARLOS, papá de Diego

Cuando decidimos tomarnos de la mano para iniciar juntos este proyecto, sólo sabíamos que tenía que ser un trabajo profundamente cuidadoso; que no podía ser un libro escrito desde la silla del experto que señala lo que es adecuado e inadecuado, o lo que el otro debe hacer o lograr. Resolvimos, en cambio, hacerlo desde una posición más sensata y correcta: la de dos humildes acompañantes de padres y madres en duelo, desde campos distintos y a la vez complementarios, que con mucho respeto y sensibilidad ponen sus conocimientos, su corazón y su experiencia al servicio de esta tarea de fortalecimiento emocional y espiritual de padres y madres que enfrentan el dolor de haber perdido a un hijo o a una hija.

Decidimos escuchar con profunda atención las narraciones de los actores principales de esta historia y enriquecernos con ellas, decidimos generar las condiciones idóneas para que fueran ellos los que enriquecieran la vida de otras personas que atraviesan por esta experiencia, pero también la de todos aquellos que tienen un legítimo interés en comprenderlos y ayudarlos (familiares, amigos, profesionales de la salud, guías y consejeros espirituales, etcétera).

Por lo anterior, invitamos a participar con nosotros en este proyecto a madres y padres en duelo; algunos conocidos nuestros y otros conocidos de los conocidos, todos en diferentes momentos de su proceso de duelo. Pero ¿cómo pedirles que nos compartieran todo lo que han vivido en torno a la pérdida de su hijo o su hija sin que esta remembranza de momentos tan difíciles los dejara innecesariamente adoloridos?, ¿cómo poder guiarlos sin inhibir o limitar la expresión de sus vivencias, emociones y reflexiones?

Elaboramos un cuestionario, al cual se le hicieron pruebas piloto antes de presentárselos para estar seguros de que ofrecía las condiciones idóneas para guiar sus reflexiones sin limitarlas y garantizar que el orden de las preguntas llevaría a los padres poco a poco a introducirse en las profundidades del duelo y a salir de la narración tranquilos y satisfechos de haber llevado a cabo este esfuerzo de introspección y autorreflexión. La guía también nos permitió sistematizar de forma adecuada las vivencias, sensaciones y reflexiones de dichos padres y madres.

Una vez que tuvimos listo el instrumento y la ruta a seguir para el análisis de las respuestas, reunimos a las madres y padres para agradecerles su interés en ayudarnos, así como explicarles el sentido del libro y el método de recolección de sus testimonios (cada quien llenaría el cuestionario en total intimidad). Revisamos con ellos cada una de las partes del instrumento, cuál era el sentido de cada una y qué se esperaba de estas secciones. Finalmente se les pidió que pensaran nuevamente si querían participar en este proceso, con la certeza de que nosotros estaríamos cerca de ellos si así lo requerían.

Aquellos que estuvieran de acuerdo en compartir y tocar las profundidades del duelo, quienes se sintieran listos para ello, nos harían el favor de enviarnos una hoja firmada de consentimiento informado en donde nos darían su aceptación de participar y su autorización para poner el nombre de su hija o hijo y el suyo después de cada testimonio.

Es importante comentar que algunos papás y mamás sintieron que no estaban listos para participar, por lo que se les agradeció su disposición inicial y su honestidad, y se les ofreció el espacio para hablar de ello si lo necesitaban. A dichos padres también les estamos muy agradecidos, y este libro también se lo dedicamos a ellos y ellas. A quienes aceptaron, les hicimos llegar el cuestionario en cuanto recibimos sus consentimientos por escrito.

Una vez que contamos con todos los testimonios, nos dimos a la tarea de leer minuciosamente cada uno de ellos, una tarea muy difícil y dolorosa que nos hizo darnos cuenta de que teníamos en nuestras manos piezas infinitamente valiosas y delicadas que debíamos tratar con profundo respeto, pero sobre todo con gran cuidado. Nos dimos cuenta de que, además de sus testimonios, los padres y madres habían puesto en nuestras manos su historia íntima de amor. En ese momento nos sentimos muy agradecidos por su confianza, pero también mucho más comprometidos que antes con el hecho de tomar las mejores decisiones para el tratamiento de sus delicadas revelaciones. Vaya aquí nuestra disculpa personal para aquellas mamás y papás que pensaron que habíamos abandonado la tarea, debido al tiempo que tardó la elaboración de este libro. Sin duda alguna, al leer sus testimonios nos vimos impactados emocionalmente por la dimensión del dolor y la generosidad de los papás y mamás.

La tarea que teníamos frente a nosotros era mucho mayor y personal de lo que pudimos pensar. Empezamos a unir la información vertida en cada testimonio de acuerdo con cada apartado de la guía, a seleccionar cuidadosamente sus contenidos, a deshilar tan valiosos tejidos (fue utilizado poco más de 80% de cada testimonio, el resto nos sirvió para comprender la profunda vivencia individual). Una vez organizados los testimonios, se inició la tarea de integrarlos en un nuevo tejido común, en donde pudieran verse los hilos individuales, pero también se pudiera apreciar la construcción colectiva.

Finalmente llegamos al momento de hacer aportaciones a ese hermoso tejido (porque el deseo de ayudar a otros padres y madres hizo que el dolor compartido tuviera una especial belleza). Esta fase fue especialmente difícil, ya que no podíamos aportar nada que no sumara a la belleza de este hermoso telar.

En esta nueva publicación, un trabajo conjunto con la psicoterapeuta Ana Gladys Vargas, nos dedicamos a la tarea de preparar un texto que pueda ayudar a las madres y padres que lloran la muerte de un hijo o de una hija en este tan doloroso proceso del duelo. Tratamos de entregarles un libro en el que en sus páginas puedan encontrar no apenas el consuelo, también el bálsamo al dolor y la inspiración para continuar su camino por la vida, sabiendo que sus hijos y sus hijas caminan junto a ellos cada día, cada momento.

Ambos, Marcelo con su experiencia pastoral y Ana Gladys con su experiencia profesional, buscamos presentar un documento que no pretende ser un trabajo científico, más bien un mensaje de dolor compartido y emociones y sentimientos que pueda ayudar a otros padres.

Todo este trabajo nos llevó poco más de tres años, y hoy al verlo listo nos sentimos agradecidos por compartir junto a los padres un texto especial, lleno de amor y sensibilidad. Gracias a todos y todas los que nos ayudaron de una u otra manera a lograrlo.

Al haber construido el puente del amor, podemos, ahora, cruzarlo por nuestras memorias y recuerdos y encontrarnos con ellos en un abrazo eterno.

Las cicatrices en el alma son un testimonio de una vida llena de amor.

A MANERA DE INTRODUCCIÓN

······················

Alguien, alguien se preocupa por mí,
allí arriba.
Nos encontraremos al final de senderos y preguntas.
Nos encontraremos al final de muchos días,
al final de muchas noches.
Sé que tú también estás acercándote.
Pasó la primavera y el verano se fue, y volvieron las lluvias.
Alguien, alguien se preocupa por mí,
allí arriba.

EHUD MANOT

Alguien. Puede ser un padre, una madre, tal vez ambos; una esposa, un marido, una hermana, un hermano, abuelos, amigos, personas queridas quienes, a pesar de su ausencia física, siguen acompañándonos en el viaje de la vida. Alguien puede ser un hijo, una hija… tu hijo, tu hija.

Alguien, que en el momento de la evocación, en el recuerdo, en los lugares que nos acompañamos, en los sabores, olores, en las risas y en los abrazos, en aquella melodía que compartíamos, en los secretos, en este silencio agobiante, en esta soledad sin ti, en estas lágrimas que expresan mi dolor, mi impotencia que te llama… Alguien eres tú, mi hijo; eres tú, mi hija, y te siento cerca en mi estremecimiento, en mi evocación, en mi amor.

Porque tú, tú fuiste alguien que con su partida nos rompió el corazón.

Si te preguntara: ¿cuáles son hoy tus prioridades? ¿Cuáles son tus sueños, tus propósitos, tus proyectos? ¿Verdad que ya no son los mismos antes de que la muerte se hiciera presente? Una simple llamada, un segundo en el tiempo infinito, una sorpresa que nos cambió en instantes. Y ya no volvemos a ser las madres o los padres que éramos. Nuestra vida ya no vuelve a ser la que vivíamos.

Y comienzan las preguntas: ¿por qué a mí?, ¿por qué a mi hija, por qué a mi hijo? Y como un castillo de naipes que construimos con tanto ahínco, observamos absortos su caída y no podemos reaccionar. El temor nos paraliza, la angustia nos ahoga. Lo que jamás imaginamos está ocurriendo.

Es curioso. Días atrás estaba preparando una plática para un grupo de padres cuyos hijos murieron en los últimos meses y recordé un pasaje en la Biblia que contaba acerca de la muerte de los dos hijos de Aarón, el hermano de Moisés, y en tres palabras describe la reacción de Aarón cuando le informan del evento. "Y Aarón guardó silencio."

No hay palabras, no hay mayor dolor ni mayor sufrimiento que la muerte de un hijo, una hija. *Tu hijo. Tu hija.* Y lo sabes, lo aprendiste. Fue una imposición de la vida que no te dio la oportunidad de borrar y volver a vivir. No te dio tiempo de prepararte, menos de aceptarlo. Y luego del llanto desgarrador, de todas las emociones y sensaciones tan difíciles de enunciar, de pronunciar, aprendemos que el silencio es sabiduría. Es tu intimidad con el ser amado por el que lloras.

Y ahora queremos invitarte a que abras la maleta del viaje de tu vida y que trates de rescatar las memorias y los recuerdos. Esa maleta que cargamos y en la que, cuando hurgamos en ella, comienzan a aparecer los recuerdos de tu *alguien*. Revivimos momentos, lugares, eventos, objetos, fotografías únicas que nos llenan los ojos de lágrimas y traen calor al corazón. Ya está más cerca... lo sentimos real. Y por algunos instantes nos volvemos uno, en un único e interminable abrazo, que en medio de ese dolor y esa nostalgia nos ofrece un bálsamo de consuelo a nuestro profundo dolor.

Muchas veces cito el ejemplo de un maestro del jasidismo (una interpretación mística del judaísmo): el Kotzker Rebe, quien fuera uno de sus líderes y que enseñó: "No hay nada más completo que un corazón roto". Es algo difícil de explicar para quien no sufrió la pérdida de un ser querido. Solamente un corazón roto nos refleja lo completo. Y nadie puede decir que sabe mucho sobre la vida, si su sabiduría no incluye una relación con la muerte.

Desearía poder decirte que te acostumbras a que la gente muera. Pero yo nunca pude. Tampoco quiero hacerlo. Sin importar las circunstancias, cada vez que alguien querido muere, se crea dentro de mí un hueco en el corazón. No quiero decirles que es algo que simplemente pasa. Duele, y mucho. Y vas caminando por tu vida, arrastrando el alma y acumulando cicatrices en tu corazón.

Las cicatrices son una evidencia del amor y la relación que he tenido con esa persona. Si la cicatriz es profunda, así era ese amor. Las cicatrices son un testimonio de la vida.

Un lector de mi libro *Aprendiendo a decir adiós*, abriendo su corazón, me compartió un bello texto que lo había sensibilizado:

Verás que el dolor viene como en olas. Cuando un barco naufraga, te estás ahogando, ves destrucción a tu alrededor. Todo lo que flota cerca de ti te recuerda la grandeza y belleza del barco que ya no está. Y todo lo que puedes hacer es flotar. Encuentras un pedazo de lo destruido y te aferras por un rato. Tal vez es algo físico, tal vez un recuerdo o una fotografía, tal vez es otra persona que también está flotando. Por un tiempo todo lo que puedes hacer es flotar, permanecer vivo.

Al principio las olas son de 30 metros de alto y rompen sobre ti sin piedad. Las olas vienen cada 10 segundos y no te dan tiempo de volver a tomar aire. Todo lo que puedes hacer es aferrarte y flotar. Después de un tiempo, que pueden ser semanas o meses, te das cuenta de que las olas siguen siendo de 30 metros, pero ya vienen más espaciadas. Cuando llegan, igual rompen sobre ti y te cubren, pero entre una y otra puedes respirar, puedes funcionar. Nunca sabes qué disparará el dolor; puede ser una canción, una foto, un cruce de calles, el aroma de una taza de café, puede ser cualquier cosa... Y las olas siguen llegando. Pero entre una y otra hay vida.

En algún punto, y para cada uno es diferente, verás que las olas ya tienen 25 metros de alto, o 15. Y si bien siguen llegando, lo hacen más separadas unas de otras. Ya puedes verlas venir. Un aniversario, cumpleaños, las fiestas o una llegada al aeropuerto. Tú lo sientes llegar y, en general, puedes prepararte. Y cuando la ola te cubre, sabes que de alguna manera vas a llegar, otra vez, del otro lado de la ola. Empapado, hecho trizas, pero aún aferrado a ese pequeño trozo del naufragio saldrás adelante.

Toma este consejo de una persona mayor: las olas nunca dejarán de llegar, y de alguna manera tú ya no las quieres, pero aprenderás a sobrevivirlas. Y vendrán más olas, y las sobrevivirás también. Y si tienes suerte, tendrás muchas cicatrices de muchos afectos. Y muchos naufragios. Eso querrá decir que tuviste amor profundo y alegrías, memorias y recuerdos. Que tú como ello has vivido y que a pesar del dolor puedes sanar y seguir viviendo y seguir amando, porque las cicatrices son un testimonio de la vida.

Y a pesar del paso del tiempo y por el poder de la memoria, ese *alguien* de tu vida está junto a ti. Te ve sonreír, seca tus lágrimas, te abraza y acaricia la cicatriz que lleva su nombre. Cada uno es único y especial. Los lloramos, los evocamos, y aun en lo más profundo de nuestro dolor debemos agradecer que ellos han sido parte de nuestra vida. Y aprendemos a vivir con esas infinitas olas de dolor.

Se cuenta que el escritor Franz Kafka un día se encontró con una niña en el parque al que él iba a caminar todos los días. Ella estaba llorando: había perdido a su muñeca y estaba desolada. Kafka se ofreció a ayudar a buscar a la muñeca y se dispuso a reunirse con ella al día siguiente en el mismo lugar.

Incapaz de encontrar a la muñeca, Kafka compuso una carta "escrita" por la muñeca y se la leyó cuando se reencontraron: "Por favor no me llores, he salido de viaje para ver el mundo. Te voy a escribir contándote sobre mis aventuras...". Ése fue el comienzo de muchas cartas.

Cuando él y la niña se reunían, él le leía estas cartas cuidadosamente compuestas sobre las aventuras imaginarias de la querida muñeca. La niña se iba consolada. Cuando las reuniones llegaron a su fin, Kafka le regaló una muñeca. Obviamente se veía diferente de la muñeca original. La muñeca traía una carta adjunta, en la que explicaba: "Hola. Mis viajes me han cambiado…".

Muchos años más tarde, la chica, ya crecida, encontró una carta metida en una abertura desapercibida dentro de la muñeca. Era una nota de Kafka que decía: "Es muy probable que pierdas cada cosa que amas, pero al final el amor volverá de forma diferente".

Kafka y la muñeca: la omnipresencia de la pérdida.

Curiosamente, cuando escribí este texto de Kafka no tenía claro el ejemplo con el que podría ilustrar este bello relato. Y si bien ustedes saben que no creo en coincidencias, era la víspera del Día del Perdón y fui a dormir a la casa de mis hijos Sonia y Gabriel, por estar cerca de la sinagoga. Cuando llegué, Sonia me pidió que tuviera en mis brazos por unos momentos a mi nieta Linda, de apenas unos meses, y sonriendo me pidió: "Trata de dormirla, porfa". Primero pensé en contarle alguna de mis prédicas, pero en un instante percibí que estaba cantándole una melodía en yidish (la lengua que hablaban los judíos en Polonia y países cercanos), y que no era otra sino la que mi papá me cantaba para dormirme. Les juro que yo mismo me sorprendí.

Pocos minutos después, mi nieto Bernardo me abrazó y me dijo: "Abu, duerme en mi cama, yo te la presto". Bernardo lleva ese nombre en recuerdo de mi papá. Les cuento que no fue una noche en la que pude dormir. Mis papis estaban conmigo, y con ellos yo y mis nietos. Y cuando me desperté sonreí. Descubrí el amor que volvió en forma diferente…

Ese *alguien* tuyo volverá como las cicatrices del alma, que luego evocamos. De esa forma estará más cerca, junto a ti, y te abrazará para hacerte saber que no estás solo. Te sonríe como diciéndote: "También yo tengo cicatrices, y son de mi amor por ti…".

Y ahora, guarda las fotos, recoge tus preciosas memorias, une los pedazos de tu corazón, cierra tu maleta, sonríele a esos recuerdos y prepárate a seguir el viaje de tu vida con ellos como tu compañía, porque no estás sola, no estás solo:

**Alguien, alguien se preocupa
por ti, allí arriba.**

**Es muy probable que pierdas cada cosa que amas,
pero al final el amor volverá
de forma diferente.**

Queridos lectores, la vida nos enseñó que las personas mueren solamente cuando las olvidamos. Todo el tiempo que las recordamos, les damos vida.

Queremos que sepan que hemos sido extremadamente cuidadosos y sensibles en la tarea que nos confiaron. Y naturalmente no fue una tarea sencilla, por lo que sinceramente nos disculpamos por cualquier omisión.

Mamás, papás, familias, queridos lectores, abrazos largos y fuertes, y bendiciones.

Estamos juntos.

MARCELO RITTNER
Y ANA GLADYS VARGAS

PUEDES SANAR

lguien que amas ha fallecido. Tal vez esperabas su muerte y has tratado de prepararte para ello. O tal vez su pérdida llegó súbitamente y con una sorpresa absoluta. Como sea que haya sucedido, tu vida ha cambiado, ya no es la misma. Y tú tampoco eres la misma persona.

Puede que estés en un momento en el que cada día sea una agonía para ti. Puede que sientas que no importa lo que hagas, no puedes escapar a la angustia. Puede que sepas lo que es desear quedarte dormido para no sentir el dolor por un rato, solamente para descubrir que el dolor te sigue hasta en tus sueños. Entonces, cuando despiertas, te hiere una vez más, algunas veces llevándose hasta tu respiración. Puede que te preguntes cuánto tiempo debes continuar viviendo así. Puede que te cuestiones si tu vida mejorará algún día, si habrá algo para tener esperanza nuevamente, o algo por lo cual vivir. Puede que algunos días sientas que quieres darte por vencido.

Por el otro lado, es posible que esta muerte no sea lo peor que te haya sucedido. Puede que recuerdes otros momentos en la vida que fueron más problemáticos y que, sin embargo, esta experiencia por la que atraviesas te deja temblando y con nervios. Puede que tus sentimientos se precipiten en ti impredeciblemente. Puede que te sorprendas con la cantidad de dolor que sientes.

Por largo que sea este periodo de duelo, hay una gran posibilidad de que parezca mucho más largo de lo que es en realidad. Casi siempre continúa más tiempo de lo que espera la gente a tu alrededor, especialmente aquellos que no entienden cuánto se ha afectado tu vida. Puede que estén ansiosos porque tú regreses a la "normalidad". Puede que te animen a hacerlo más rápido de lo que tú estás listo. Y ellos pueden no estar preparados para el hecho de que tu "antiguo normal" no sea tu "nuevo normal".

De hecho, puede también que tu dolor se alargue más de lo que lo deseas tú mismo. Puede que te canses de estar siempre cansado. Puede que te sientas debilitado por el dolor e incomodidad continuos. Sin embargo, tu labor es permanecer en tu dolor el tiempo suficiente —ni una hora más de lo que necesitas, pero tampoco ni una hora menos de lo que tu pérdida demanda—. Por más incómodo que para ti sea este momento —y sin duda, algunos días pueden serlo altamente—, de cualquier modo tu dolor tiene un propósito. *Te ayuda a sanar.* De hecho, solamente al sentir la pena es que vas a recuperarte.

El propósito de estas palabras es guiarte a lo largo de estos días con la mayor comodidad, seguridad y esperanza como sea razonablemente posible. Pero este libro no puede llevarse tu dolor. Tal vez lo que leas aquí aminorará un poco tu pena. Tal vez podrás ver un rayo de luz hacia delante. Pero solamente atravesando tu dolor llegarás a aceptar lo que ha sucedido, y eventualmente llegarás a otro lugar en tu vida, el cual radica en el lado más lejano de tu pena.

Si no recuerdas nada más, recuerda esto: *No estás sola, no estás solo.* Otros han realizado previamente el viaje que estás haciendo ahora, y han regresado para llevar vidas que son completas, ricas y comprometidas. Otros están haciendo un viaje como el tuyo en este momento, y están aprendiendo al mismo tiempo que tú lo haces. Hay otros a tu alrededor que desean apoyarte y hacer lo que puedan por ti. Hay compañeros que te esperan a lo largo de todo el camino. Puede que todavía no hayas experimentado eso, pero ellos están ahí.

No todos los pensamientos que están plasmados aquí aplicarán de igual manera a tu situación. Algunos encajarán mejor que otros. Toma las ideas y sugerencias que mejor vayan contigo y que te ofrezcan más. Deja lo demás para otras personas, o para otro momento de tu vida.

Deseamos que puedas encontrar en este libro un bálsamo para tu dolor, un sentimiento de seguridad de que no todo está perdido, así como la esperanza de que eventualmente te sentirás mejor. Sí, esta experiencia duele. Sí, puede que el camino frente a ti parezca largo. Sí, lo que debes hacer puede que parezca complicado. Pero no, no tienes que estar completamente absorbido por ello. No, no tienes que viajar completamente solo. No, no tienes que atravesar esto ciegamente.

Puedes hacer lo que tal vez temas. Puedes encontrar maneras de ayudarte a ti mismo, así como modos de ser ayudado. Con el tiempo, puedes usar esto como un periodo de crecimiento. Gradualmente puedes regresar de nuevo a la vida. En otras palabras, puedes sanar. Puedes sentirte completo nuevamente.

Puedes ser completamente tú.
Puedes, y al atravesar todo el proceso de duelo,
lo serás.

La muerte y el dolor son universales

Tocan todos los géneros.
Todos los pueblos.
Todas las religiones.
No discriminan por estatus socioeconómico o edad.
Muerte y pena, no importa si eres madre, padre, cónyuge, hijo,
hermano o amigo.
O que están arrebatando a alguien que significa el mundo para ti.
Nadie escapará de esta tierra sin experimentar la muerte.
Pocos escaparán sin experimentar dolor.
Usted, como enlutado/a, no está solo/a.
El dolor y la pérdida son parte de esta existencia humana.
Nosotros, como sociedad, necesitamos mejorar nuestra comprensión y
nuestro apoyo a aquellos que están experimentando la muerte
y el dolor.
La muerte está sucediendo a nuestro alrededor, pero nuestra sociedad
rara vez lo ve, porque estamos condicionados a sentirnos incómodos con
ella, haciendo el proceso de duelo aún más difícil.
El nacimiento y la muerte son las únicas certezas en la vida.
¿Cuánto se ama y se vive entre el nacimiento y la muerte?
Necesitamos permanecer enfocados en el Amor y continuar
con la Vida.
No dejes que la muerte y el dolor se lleven más de tu vida
de lo que ya tienen.
Tuvimos la suerte de haber experimentado este Amor con nuestro ser
querido perdido.
Nunca olvides, el amor nunca puede morir.
El amor siempre permanece.

RONDHA O'NEILL

I

1

ACERCA DEL DUELO

Cuando nuestros seres amados parten,
pasan de vivir *con* nosotros
a vivir *en* nosotros.

No le pidas a una persona en duelo
que sea fuerte cuando
no lo puede ser.
No le aconsejes que no llore,
porque las lágrimas
son parte del dolor.
No compares su pérdida con otra,
porque cada duelo es único y personal.
No la empujes a que contenga
sus emociones,
porque sería agregarle más carga.
Acompañar en el dolor no significa
darle ánimo
para quitarle su pena.
El silencio muchas veces es tocar,
con respeto,
el alma de quien está
sufriendo...

ESTAR EN DUELO

· ·

Todo el mundo experimenta muchas pérdidas a lo largo de la vida,
pero la muerte de un ser querido no tiene comparación por
el vacío y profunda tristeza que nos produce.
ELISABETH KÜBLER-ROSS Y DAVID KESSLER

El duelo no es única y exclusivamente un sentimiento,
pues se encuentra en lo más profundo del corazón,
en el centro espiritual y mental de la persona.
E. LUKAS, *En la tristeza pervive el amor*

Una de las mejores herramientas para hacer frente a situaciones difíciles y dolorosas es *comprender lo que estamos viviendo;* por ello, es importante hacer un alto para profundizar acerca del duelo, su significado, su forma de manifestarse y cómo podemos enfrentar este proceso del que no podemos escapar.

El duelo *es el proceso de adaptación psicológica y psíquica ante una pérdida. Es un efecto que se produce como resultado de perder algo o a alguien significativo para nosotros;* esto es, no hay duelo si no hay una importante cantidad de afecto y energía psíquica (interés, expectativas, deseos) puesto en aquello perdido.

Entre más intenso y profundo es el vínculo que nos une a ese ser, mayor será el dolor por su partida.

Este proceso tiene una serie de características que lo distinguen, las cuales revisaremos a continuación:

Es gradual

El duelo nos permite adaptarnos poco a poco al vacío que deja el ser amado con su partida.

La progresiva aproximación al dolor, así como la paulatina y dosificada comprensión de lo que implica en nuestras vidas esta pérdida tan lacerante, nos protegen psíquicamente del devastador impacto emocional, impidiendo así que "enloquezcamos de dolor".

Por lo anterior, en este proceso de comprensión paulatina vamos a pasar por momentos de mucha confusión y otros de dolorosa lucidez, por momentos de negación parcial o total de la realidad y otros de desgarradora conciencia. De la misma manera, dicha comprensión (hoy mayor, mañana tal vez menor, o comprensión ascendente, pero con recaídas) nos permite generar gradualmente recursos y herramientas para afrontar la realidad.

A lo largo de este proceso vamos a ir, paso a paso, aprendiendo a vivir con dolor o aceptando que, a partir de este momento, como decía Mario Benedetti: "siempre habrá algo de tristeza en mis momentos más felices, al igual que siempre habrá un poco de alegría en mis momentos más tristes". Pero también aprenderemos poco a poco a hacer frente a todo lo que implica, interna y externamente, la pérdida de un ser tan amado y significativo en nuestras vidas.

Así mismo, el proceso de duelo implica el gran reto (de entre muchos otros que se irán presentando en el camino) de aprender a vivir sin su presencia o con el vacío de su existencia, pero con nuestra vida llena de su esencia, su energía, sus recuerdos y su amor.

Aprendemos a lo largo de este proceso que el amor que nos unía a ese ser no cambia, y que nos sigue uniendo con la misma intensidad. Lo que sí cambia es la forma en la que nos vinculamos con él o ella y le manifestamos nuestro profundo amor; esto es, *aprendemos que su partida no es un "nunca más con él o ella", sino un "nunca más así con él o ella".*

En este sentido, parte de los logros a alcanzar a lo largo del proceso de duelo es aprender que se puede manifestar dicho amor a ese ser fallecido a través de actos de amor diferentes (ya no físicos, pero sí simbólicos, emocionales y espirituales), que lograrán ser tan profundamente intensos y vinculantes como un largo y cálido abrazo o un tierno beso.

Es involuntario

Otra característica del duelo es que *inicia de forma involuntaria* desde el momento en el que tenemos conocimiento de la realidad de la muerte; pero esta realidad es tan dolorosa que, para protegernos psíquicamente, se acciona inmediatamente un mecanismo protector que se llama *negación*. Esta barrera protectora de origen inconsciente se activa de forma involuntaria y su "grosor" es proporcional a lo tan profundamente vulnerables que nos encontramos o incapaces de hacer frente a la dolorosa realidad: entre mayor sea nuestro estado de fragilidad, indefensión y vulnerabilidad psíquica ante la pérdida, más intensa e inquebrantable (por lo menos por un tiempo) será la barrera protectora.

En la medida en que nuestra mente (nuestro sabio aparato psíquico) se da cuenta de que ya somos más capaces de hacer frente a la dolorosa y difícil realidad, esta barrera protectora se va fracturando y vamos siendo paulatinamente más conscientes de todo lo que su ausencia impacta en nuestras vidas.

En este sentido, puede pasar mucho tiempo para que la barrera protectora se disperse por completo, ya que ser consciente de la realidad no es tarea fácil y las implicaciones de perder a un hijo o una hija son abarcativas y profundas; tanto a nivel interno (íntimo) como externo, tanto a nivel individual como familiar o social; tanto en lo relacionado con la vida presente como con la pasada y futura... El impacto es tan amplio y profundo que la negación se va desquebrajando muy poco a poco a lo largo del tiempo. Entre más dolorosa es la pérdida, más gruesa es la barrera y más tarda ésta en desaparecer por completo.

Es voluntario

Paradójicamente, otra característica del duelo es que *es voluntario*, porque si bien su inicio está fuera de nuestro control, sí podemos frenar alguna parte del proceso de forma deliberada, con esto se quiere posponer el enfrentamiento ante la lacerante realidad. También podemos, cuando existen condiciones que nos anticipan el fallecimiento, evitar o decidir prepararnos para afrontar la pérdida.

A este reconocimiento interno de la lamentable realidad por venir se le llama *duelo anticipado*. Cuando de repente nos descubrimos pensando en la posibilidad de la muerte del ser querido y los posibles escenarios ante ésta, cuando nos aproximamos al dolor que dicho acercamiento generará, y nos permitimos pensar en las posibles alternativas para hacer frente a la futura pérdida y todo lo que ello conlleva, estamos viviendo un duelo anticipatorio.

Pero ello no implica que estamos deseando que la muerte suceda ni es el deseo el que lo genera; simplemente, lo que sucede es que nuestro aparato psíquico, de forma involuntaria, nos está preparando suavemente para hacer frente a la realidad por venir, filtrando información a nuestra conciencia sobre dicha realidad.

Estas primeras aproximaciones al doloroso hecho por acontecer requieren un permiso interno, y en muchas ocasiones externo, para que puedan llevarse a cabo. También, en muchas ocasiones existen condiciones que bloquean la posibilidad de tener estos primeros acercamientos preparatorios, tales como: la culpa que nos genera tan sólo el permitirnos pensar en la posibilidad de su muerte (como si pensarlo fuera desearlo); el miedo a que ello suceda; la sensación de no poder hacer frente a tanto dolor (de ser más fuerte el dolor que nuestra capacidad para enfrentarlo); y, finalmente, la sensación de traicionar al ser querido permitiéndonos pensar que su muerte es posible. Estas ideas sólo nos privan de la posibilidad de hacer ejercicios preparatorios que siempre van a resultar fortalecedores y de gran ayuda en el momento de la partida (pues nos dotan de recursos para hacer frente a la muerte, mismos que no tendríamos si no nos hubiéramos dado oportunidad de pensarnos previamente en esa situación tan difícil y generar opciones al respecto).

En muchos hogares, de forma consciente y deliberada (pero no mal intencionada), los padres prohíben hablar de la muerte delante de los hijos e hijas (cuando aún están en la infancia) "para que éstos no sufran", cuando la realidad es que sufrimos más entre menos comprendemos y entre menos recursos tenemos para hacer frente a la situación; otras personas creen que pensar en la posibilidad de la muerte es atraerla a nuestras vidas, por ello cuando algún pensamiento relacionado se filtra a nuestra conciencia, inmediatamente lo bloquean y revocan con la frase "toco madera".[1]

Evitar pensar en la muerte es evitar pensar en la vida misma. De esta manera, así como nuestros hijos tienen permiso para pensar en el final de un ciclo escolar y prepararse internamente para ello, también necesitan acercarse a la posibilidad de la muerte propia o de un ser querido y prepararse, si se requiere, para enfrentar tal situación. Aproximarse a la realidad de la muerte es como acercarse y remojar los pies en las heladas agua de un río, para acostumbrarnos al frío que sentiremos cuando nos toque entrar en él y prepararnos para ello.

Pero hay una realidad a la que resulta muy difícil aproximarse, y es la posibilidad de que un hijo o una hija mueran. Resulta tan doloroso el sólo pensarlo, y nos llena de tanto miedo esa realidad, que la mayoría de los papás o mamás preferimos no pensar en ello; así que cuando sucede, nunca estamos ni mínimamente preparados, y esto hace más difícil y complejo hacer frente a tan devastadora realidad.

Recapitulando, *no importa si el duelo deviene a partir de la pérdida o de la proximidad de ésta, siempre iniciará de forma involuntaria*; pero lo podemos frenar o evadir de forma voluntaria en cuanto nos percatamos conscientemente del proceso en el que estamos inmersos y de todo lo que ello implica.

---

[1] "Tocar madera" es una creencia extendida por el mundo, y existen varias teorías que tratan de identificar las razones por las que la gente empezó a realizar este echar mano a la madera como ritual para alejar la mala suerte o atraer la buena. En algunos países consideran que para que el gesto surta el efecto deseado no sólo basta tocar, sino que hay que propinar un par de golpecitos a la madera. El primero para transmitir aquello que deseamos, el segundo para comunicar nuestro agradecimiento. La madera les inspiraba confianza y protección, y servía de forma eficaz para alejar los peligros de sus vidas. La otra gran teoría tiene origen cristiano. Palpar un trozo de madera era originalmente como tocar la cruz de Jesucristo, un modo de solicitar su protección.

Durante este proceso iremos aproximándonos a comprender ampliamente la magnitud de lo perdido (como ya se mencionó anteriormente). Es como si a lo largo de este proceso de aceptación de la pérdida, poco a poco se abriera una compuerta con un delicado mecanismo que permite que atraviese por ella sólo aquello que ya tengamos la fuerza y la capacidad para enfrentar; por lo que la compuerta va permitiendo que nos aproximemos gradualmente a tan devastadora realidad.

Esta compuerta tiene varios mecanismos protectores (inconscientes y por ello involuntarios en su inicio, pero que se hacen conscientes cuando nos percatamos de su presencia, lo que nos otorga la capacidad de decidir al respecto). Estos mecanismos nos permiten acercarnos y alejarnos de la realidad, y por ende del dolor, tanto como lo necesitemos. Por ejemplo: pensar por momentos que estamos viviendo un mal sueño, que su muerte no sucedió, que está de viaje, que en cualquier momento tocará la puerta, saldrá de su recámara o regresará a casa.

De la misma manera, esa compuerta nos permite evitar situaciones que pueden traernos recuerdos muy dolorosos, o nos aleja del dolor, transformándolo en enojo y rabia contra algo o contra todo (contra la vida misma), ya que no hay emoción que más nos aleje de la tristeza y la sensación de profunda vulnerabilidad que el coraje.

Otra forma de evitar recuerdos dolorosos es llenándonos de ocupaciones para distraer nuestra mente y evitar momentos de calma que creen condiciones propicias para invadirnos de pensamientos y emociones que no estamos listos para manejar; aislarnos del mundo y de nuestros pensamientos sumiéndonos en programas de televisión, películas u oyendo música; obsesionándonos con entender ciertos detalles o circunstancias asociadas a la pérdida que son más fáciles de enfrentar que la pérdida misma; llevando a cabo conductas impulsivas y repetitivas que nos mantienen en la actuación (evasión) y nos alejan de la reflexión y emoción, como beber alcohol en exceso, consumir drogas, comer compulsivamente (y con ello llenar de forma adicional el vacío), tener relaciones sexuales irreflexivas y de riesgo (con lo cual además nos llenamos de adrenalina, mitigamos la depresión momentáneamente y retamos a la muerte para demostrar que nosotros tenemos el control sobre ella); invadirnos de preocupaciones por el bienestar de los demás y de obligaciones respecto a su cuidado para alejarnos de nuestra propia fragilidad, etcétera.

Estas compuertas nos protegen de enloquecer de dolor, exponiéndonos gradualmente a éste, con lo cual nos permiten desarrollar poco a poco nuestros mecanismos de sobrevivencia.

La compuerta se abre por completo cuando tenemos la capacidad de ver de frente la dolorosa realidad, lo cual no significa que el proceso de duelo haya concluido; sólo quiere decir que estamos avanzando en esta tarea, haciendo uso de nuestros mejores recursos para sobrevivir, un hecho que implica empezar a reconocer nuestras propias necesidades, replantear nuestras prioridades y el sentido mismo de nuestro existir.

Un padre o una madre que al cabo de los meses y hasta años se queda atrapada en estas conductas (que inicialmente tenían un sentido de protección), necesita ayuda para poder enfrentar la pérdida (seguro siente o teme no poder hacerlo); a lo mejor él o ella no sabe cómo pedir dicha ayuda porque nunca lo ha hecho. No obstante, por más infranqueables que se vean dichas compuertas, si observamos con cuidado nos daremos cuenta de que tienen filtraciones, y que esas filtraciones no son más que pequeñas partes de la dolorosa realidad que las traspasan, lo cual nos asusta y fragiliza. Si observamos con cuidado, podremos detectar esos momentos de profunda vulnerabilidad en los que las madres y los padres serán receptivos y recibirán nuestra ayuda.

Es personal e íntimo

Otra característica del duelo es que es personal e íntimo; esto es, siempre es diferente para cada persona. Aunque alguien más haya vivido una pérdida parecida o en similares condiciones, las sensaciones que te acompañarán serán semejantes, pero no las mismas. Serán muy personales y únicas, tanto como cada ser humano lo es, como lo fue la vida de tu hija o hijo y el particular vínculo que tenías con él o ella... tanto como lo fue su partida y los detalles y circunstancias en torno a la misma.

De la misma manera, algo que hace muy personal el proceso de duelo y nuestra capacidad de enfrentamiento son los recursos internos con los que contemos en el momento de su partida (estabilidad personal, capacidad de comunicarnos, de manejar emociones, vincularnos, pedir y recibir ayuda) y los recursos externos (familiares y amigos incondicionales, apoyo de tu centro de trabajo y compañeros empáticos dentro del mismo, instituciones y especialistas confiables a los que puedas recurrir, etcétera); esos mismos recursos nos dotarán de más herramientas para hacer frente a tan dolorosa vivencia. Es importante comentar que ante la muerte de un hijo nuestros recursos se verán colapsados y siempre serán insuficientes; pero ellos, en algún momento nos servirán de gran soporte para encontrar alternativas que nos impulsen a salir adelante. Algunos momentos desearemos vivir en privado este proceso tan personal e íntimo, acompañados y acompañadas únicamente por los recuerdos; pero en otros momentos desearemos la compañía de personas que nos comprendan, apoyen y hasta nos guíen por este camino tan lleno de confusión y neblina, en el que estamos parados sin poder ver el fin.

Conlleva sufrimiento

Otra característica siempre presente en el duelo es que conlleva sufrimiento.

En ninguna otra situación como en el duelo,
toda la vida,
en su conjunto,
duele.

J. MONTOYA CARRAQUILLA

EL AMOR ES MÁS FUERTE

Sufro por tu ausencia, por no tenerte, porque te extraño,
por el vacío que me ha dejado tu ausencia, y sufro por mí...
Me dueles y me duelo, me duele tu muerte y me duele mi vida
sin ti...
Cuando un hijo se muere todo duele,
el ayer, el hoy y el mañana...
Duele el corazón, el cuerpo y el alma;
porque finalmente lo que duele es vivir,
vivir con su ausencia, vivir sin su presencia.

**Cuando un hombre descubre que su destino
es sufrir,
su única oportunidad radica en la forma en
que soporta su carga.**

VIKTOR E. FRANKL

Es necesario sufrir para poder transitar por el camino del duelo, y este sufrimiento es proporcional a la profundidad de la herida que deja con su partida; pero también *es este mismo sufrimiento el que sana paulatinamente la herida.*

El rabino Harold Kushner, en su libro *El Señor es mi Pastor*, nos habla del Salmo 23 de la Biblia, el cual versa: "El señor es mi pastor, nada me faltará. Él reconforta mi alma. Aunque atraviese por el valle de sombra y de la muerte, no temeré mal alguno". Kushner hace un especial énfasis en la palabra "atravesar", y comenta que ante la pérdida de un ser querido no hay forma de evitar atravesar el valle. Es decir, no podemos resolver el duelo, nuestro duelo, sin haber atravesado este valle con todo lo que ello representa: la oscuridad, confusión, desolación, incertidumbre, angustia, sensación de estar perdido, desesperación e impotencia. Es necesario vivir todo eso para después encontrarnos con la tranquilidad.

Atravesar el valle del sufrimiento nos puede hacer sentir que enloquecemos, ya que las emociones antes descritas pueden estar acompañadas de confusión y desorientación, fallas en la memoria, un actuar distraído, falta de apetito, poca tolerancia, pocos o nulos deseos de socializar, cambios súbitos en el estado de ánimo, pérdida de control sobre las emociones, alteraciones en el sueño, una impresión de profunda fragilidad, etcétera. Estas sensaciones te acompañarán durante semanas, meses (probablemente muchos), y están relacionadas con el enorme impacto traumático que la muerte de un hijo o una hija genera. De hecho, ya no habrá un regreso a la normalidad; poco a poco disminuirán los síntomas y desaparecerán todos o casi todos, pero la vida ya no será nunca más la misma, porque este golpe tan duro ha dejado una marca para siempre.

Algunos padres y madres en duelo, pese al dolor que los acompaña de forma cotidiana en su vida de manera casi permanente (pero que al cabo del tiempo se vuelve tolerable; aunque se puede agudizar por momentos, a veces de forma inesperada, ante estímulos específicos que nos detonan recuerdos), hablan de haberse convertido en mejores seres humanos a raíz de la muerte de su hijo; atravesar por el valle de las sombras los hizo personas más sensibles y empáticas; sus prioridades existenciales cambiaron y su forma de ver la vida, también. Otros padres y madres, en cambio, se han quedado empantanados en la desesperación, la impotencia y la rabia, o en la negación y evasión de la realidad.

En este último caso, lo que está presente detrás de este empantanamiento, de forma silenciosa y probablemente imperceptible para ellos mismos, es un gran sentimiento de vulnerabilidad, dolor y miedo que impiden ver de frente la realidad.

Nunca nadie me dijo que el dolor se sentía como se siente el miedo... La misma tensión en el estómago, el mismo desasosiego.

C. S. Lewis

Es importante comentar que, en todos los casos, el sufrimiento, en un principio, estará asociado a pensamientos centrados en uno mismo, en una misma: ¿por qué *me* dejó?, ¿por qué *me* hizo esto?, ¿por qué *me* produjo este dolor tan grande?, ¿Dios, por qué *me* hiciste esto?, ¿por qué te llevaste a *mi* hijo? Esto sucede así porque el dolor (así como el enojo y la desesperación que produce vivirlo) nos invade y nos obnubila, nos derrumba y nos impide levantar la cabeza para ver más allá de él.

Pero poco a poco, en aquellos padres y madres que logran salir del empantanamiento, las características de sus pensamientos asociados a su sufrimiento van cambiando: "Lloro por mí, pero también por su ausencia". En este sentido, el sufrimiento es una forma de hacer un sentido homenaje al amor por el ser que partió, un homenaje a lo importante que eres y has sido en mi vida.

Con el tiempo, el sufrimiento por su ausencia pasará a convertirse en un sentimiento doloroso que cada vez que se presenta hace homenaje a su vida, a sus logros, a sus enseñanzas y a lo enriquecida que su presencia dejó nuestra existencia.

Este cambio en el discurso interno y en la forma de vivir el dolor ante la pérdida nos habla de una persona que está atravesando el "valle de las sombras", y que avanza pese al dolor y la dificultad. Quizá no tiene claro a dónde quiere llegar, pero sabe que no quiere quedarse atrapada en una condición dolorosa incapacitante y sin sentido; sabe que eso no lleva a ningún lado, más que a prolongar los momentos de agudo sufrimiento.

Muchos padres y madres desean salir, avanzar, pero no saben cómo. Es en esos momentos cuando requieren del apoyo sereno y fortalecedor de la gente que los rodea. Y decimos sereno y fortalecedor porque nuestra cercanía y reflexiones amorosas, tendientes a ayudarles a encontrar caminos, no pueden estar cargadas de angustia y desesperación. De nada les sirven nuestra angustia, nuestros reproches ni nuestros reclamos; sólo les sirven nuestra fuerza, nuestra serenidad, nuestra confianza en ellos y en su capacidad para salir adelante.

Nos permite elegir

Una última característica del duelo es que *permite hacer elecciones*.

Las decisiones, no las condiciones, determinan quiénes somos.

VIKTOR E. FRANKL

Ante la inamovible realidad y la condición en la que ésta nos coloca, uno puede elegir. Sabemos que al principio el padre y la madre en duelo viven atrapados por el dolor, maniatados; sabemos que al principio uno hace lo que puede para enfrentar la dura situación, pero en medio de ese dolor hay momentos de claridad que nos permiten hacer pequeñas elecciones: comer aunque no deseemos hacerlo para evitar enfermar; tratar de recuperar la calma y no desquitar nuestro coraje con la gente que nos ama; tratar de controlar nuestros miedos y no hacer presa a nuestra familia de ello; manejar el automóvil con cuidado; pedir ayuda, etcétera. Estas elecciones, pequeñas y no tan pequeñas, que se irán tomando a lo largo del proceso de duelo, no sólo nos permitirán recuperar poco a poco el control de nuestras vidas, sino también nos ayudarán a sentir que estamos enfrentando esta dura batalla con la mayor dignidad posible.

Nos ayuda a recuperar confianza en nosotros mismos, en nosotras mismas, reconocer que hemos hecho frente a las situación lo mejor que hemos podido; que si hemos dañado o tomado algunas decisiones equivocadas, ha sido sin dolo alguno; nos fortalece aceptar que algunas cosas se nos salieron de control (nos rebasó la desesperación o el miedo, se nos salieron de las manos la frustración y el enojo contenido, dijimos algo que bajo otras condiciones no habríamos dicho), pero que también hemos tratado de resarcir cualquier afectación o daño generado en cuanto fuimos conscientes de nuestro actuar. En este sentido, no existe un actuar correcto ante una pérdida de esta envergadura ni existe una única forma de actuar, porque cada circunstancia en torno a la vida de nuestro hijo es diferente, porque cada uno de nosotros (y nuestras reacciones) estamos determinados por nuestra historia, temperamento y personalidad; pero también porque las circunstancias en torno a la muerte siempre serán diferentes y estarán cargadas de significados particulares.

> Lo importante no es lo que la vida nos hace,
> sino lo que cada uno hace
> con lo que la vida nos hace.
>
> Edgar Jackson

Finalmente, queremos comentar que si bien es cierto que hay pérdidas más o menos esperadas, y hasta planeadas o súbitas, que permiten o no la despedida, con la posibilidad de velar el cuerpo o en ausencia de éste, en contextos hostiles o cálidos, etcétera, la muerte de un hijo siempre será traumática, y muy difícil de enfrentar y superar. Es por ello que los padres y las madres necesitan especialmente un entorno fortalecedor, lleno de comprensión y apoyo que les ayude, paulatinamente, a afrontar esta difícil tarea de sobrevivir a la pérdida, trascender y resignificar la vida a partir de ésta.

Es por esta razón que decidimos escribir este libro con el apoyo de padres y madres que se encuentran en diferentes momentos de esta tan compleja batalla.

Es posible aceptar que nuestro ser querido se ha ido físicamente y que es una realidad permanente; nunca nos gustará esta realidad ni estaremos de acuerdo con ella, pero la aceptaremos y aprenderemos a vivir con ella... Es posible aceptar que las cosas han cambiado para siempre y debemos readaptarnos... Es posible aprender a vivir en un mundo en el que falta nuestro ser querido.... Es posible que dejemos de estar enfadados con Dios y que lleguemos a ser concientes de las razones objetivas de nuestra pérdida, aunque nunca lleguemos a entenderlas... Es posible empezar a tener más días buenos que malos...

Es posible empezar a vivir y disfrutar la vida. Nunca podremos remplazar lo que se ha perdido, pero podremos establecer nuevas relaciones significativas, nuevos vínculos de afecto, dejaremos de escuchar prioritariamente nuestros sentimientos, empezaremos a escuchar nuestras necesidades, nos moveremos y cambiaremos y creceremos en congruencia.

Empezaremos a vivir de nuevo; pero no podremos hacerlo hasta que no hayamos recorrido el largo y difícil camino del duelo.

ELISABETH KÜBLER-ROSS Y DAVID KESSLER

A veces quiero hundirme
en lo más profundo
de mi tristeza,
pero me acobardo.

Intento vaciar
los ojos,
cubro mi corazón
de hielo.

El torrente no cesa,
el corazón ansía
un abrazo,
una caricia,
un lenguaje
que ya no está más.

La muerte llega,
terca se queda.
Ahí está para recordar
que la vida se va.
Una entiende lo efímero de la otra.

Hay muchos tipos de muertes,
pero la más cercana es la más dolorosa.

SAMUEL, papá de Adam

La muerte de un hijo es un dolor tan profundo y doloroso
que nos marca para siempre,
nos produce un dolor tan grande que pensamos y sentimos
que ya no podemos seguir viviendo con tanto dolor.
Sientes que la vida se detiene,
es una etapa de desesperanza, de desconsuelo,
de desconexión con el mundo,
en la que tenemos forzosamente
que hacer una pausa sin tiempo,
sin prisas, para poder reorganizar,
resignificar y reaprender
a vivir sin nuestro hijo.

CRISTINA, mamá de Mauricio

2

PERDER A UN HIJO O UNA HIJA

El sufrimiento
es el precio
de haber amado.

CUANDO NUESTRO MÁS GRANDE TEMOR SE HACE REALIDAD

....

La muerte de un hijo es inconcebible.
No cabe en la cabeza de nadie, y por eso
no hay un solo papá o mamá que contemple,
así sea por un segundo, la posibilidad de perderlo.
ISA FONNEGRA DE JARAMILLO

La vida me dio el golpe más duro que te puede dar.
JUAN CARLOS, papá de Diego

....

La muerte es el generador de los más profundos miedos que como seres humanos nos acompañan a lo largo de la vida. Uno de los más grandes es el de la muerte propia o la de un ser querido. Cuando pensamos en la posibilidad de la muerte de un ser amado, nos duele tanto su muerte (la extinción de su vida) como lo que será de nuestra propia vida sin él o ella.

El temor de perder a un ser querido es proporcional a lo significativo que es éste en nuestra vida y a lo indispensable que resulta para nuestra sobrevivencia física y psicoemocional. En este sentido, el temor hace manifiesta nuestra profunda vulnerabilidad, fragilidad e impotencia ante este devastador riesgo.

La negación de la posibilidad de la muerte de ese ser amado es un mecanismo que nos protege de la angustia que genera tan sólo pensar en este hecho, la cual puede ir desde una ansiedad moderada y manejable hasta una angustia tan intensa que nos puede paralizar de terror; pero nunca podrá haber aceptación de la muerte sin que medie la angustia.

Si pensar en la muerte de un ser amado nos genera tanto temor, pensar en la muerte de un hijo o hija es tan doloroso y angustiante que preferimos ni siquiera pensar en ello, intentando con esto alejar toda posibilidad de que suceda.

En consecuencia, si de por sí resulta difícil aceptar que la existencia humana es limitada, cuando un hijo es el que ha fallecido, dicha aceptación se vuelve muy compleja, dolorosa y difícil de alcanzar, ya que nuestro peor temor se ha hecho presente.

LO INJUSTO...

Creo que la sensación más difícil de manejar es el sentir que hemos sido víctimas de la injusticia más cruel que como padres y madres podemos experimentar. No concebíamos que ningún padre o madre fuera merecedor de vivir tan indescriptible tragedia, y en los constantes y persistentes porqués no encontrábamos respuesta que ofreciera justificación alguna...

La mayor injusticia la sentíamos hacia nuestro hijo, que era un joven que vivía plenamente, que estaba tan lleno de planes y luchando por forjarse un futuro...

También sentimos una gran impotencia ante la cruel injusticia en la que la vida estaba situando a nuestra hija, quien en instantes perdió a su único hermano, su fiel compañero y mayor apoyo.

LAILA, mamá de ANUAR

Las personas a lo largo de su vida tienen pérdidas que,
según su significado, simbolismo y vínculo, las afectan
de manera diferente... pero todos tienen en común la preocupación
por la injusta distribución del sufrimiento en el mundo.
HAROLD KUSHNER

Todo en torno a la pérdida de un hijo o una hija nos parece injusto: su sufrimiento previo a la muerte, la extinción de su vida; el no tenerlo en nuestros brazos nunca más, no volverlo a sentir, oler y tocar; la vida que no tendrá y todo aquello que no disfrutará; la intranquilidad y el miedo que nos dominan, así como el dolor inconmensurable que ahoga a la familia y el mundo ordenado que se desplomó con su partida.

Y a este inmenso sufrimiento se suman el coraje y la rabia por la injusticia vivida, por este sinsentido, y por estar afrontando esta tan arbitraria e inaceptable situación.

De no resolverlas, estas emociones nos irán hundiendo poco a poco en un profundo pantano de frustración e impotencia.

La única salida ante dicha condición de empantanamiento emocional, que sólo agudiza el dolor y nos incapacita, es aceptar que la vida no es justa, pese a nuestros deseos de que así sea. Debemos aceptar que en la vida todos estamos expuestos a sufrir grandes y diversos dolores que nos parecerán injustos e inmerecidos, y que no son necesariamente el resultado de lo buenos o malos que hayan sido nuestros actos a lo largo de ella.

Ante esta realidad injusta, sólo nos queda ser justos con nosotros mismos: *ser justos ante lo injusto, sobre todo con nosotros mismos.* Esto significa ser comprensivos con nosotros mismos, no tratarnos con dureza, no exigirnos ni lastimarnos más de lo que ya estamos; en fin, tratarnos con amor y consideración: sólo así podremos encontrar poco a poco la serenidad y la fuerza necesarias para salir adelante.

En este sentido, ser justo con uno también implica permitirme pedir ayuda profesional si la necesito.

Finalmente, resulta fundamental comentar que *tan importante es ser justo con uno mismo como con los demás*, por lo que en estos momentos resulta prioritario evitar hacer presa a los otros de nuestro dolor y enojo, así como cuidarnos de no hacer o decir cosas que puedan lastimar a nuestra pareja, hijos y familiares muy cercanos, porque ellos también están sufriendo y luchando por no hundirse.

ALGUNAS COSAS PASAN
SIN RAZÓN ALGUNA

· ·

> Esto es algo que simplemente no debería de pasarle a nadie.
>
> MÓNICA, mamá de Pierre

El rabino Harold Kushner, en su libro *Cuando las cosas malas le pasan a la gente buena*, que escribió después de la muerte de su hijo, reflexiona:

¿Pueden ustedes aceptar la idea de que algunas cosas pasan sin razón alguna, de que existe el azar en el universo? A algunas personas eso les parece imposible. Buscan relaciones, se esfuerzan desesperadamente por encontrarle sentido a todo lo que pasa [...] Resulta tentador creer que a la gente, a los otros, les pasan cosas malas porque Dios es un juez recto que da lo que cada uno merece. Creyendo esto, nuestro mundo sigue siendo comprensible y ordenado [...] La idea de que Dios da a los hombres lo que se merecen, de que nuestras faltas ocasionan nuestras propias desgracias, es una solución atractiva y adecuada a varios niveles, pero posee serias limitaciones, provoca el auto-culparse [...]

Preguntémonos nuevamente: ¿siempre hay un motivo para todo, o algunas cosas suceden simplemente al azar, sin causa alguna? [...] Las cosas dolorosas que nos suceden no son castigos por nuestra mala conducta, ni tampoco forman parte de un plan maestro de Dios.

Es muy difícil lograr ver el hecho de perder a un hijo como algo natural, inherente a la vida, pero mientras trabajamos en ello es importante reconocer, como se comentó anteriormente, que ante una situación ineludiblemente injusta tenemos siempre la opción de construir condiciones justas para nosotros y quienes nos rodean. Pequeños actos de justicia hacia uno mismo, en medio de un contexto de injusticia, son como tomar una frazada y envolvernos con ella en medio de una noche larga y fría.

Pero ¿qué significa construir condiciones justas? Significa, por una parte, evitar que la injusticia vivida se haga más honda (que afecte a más personas o nos afecte a nosotros de una manera aún más profunda), y por otra, significa permitirnos generar condiciones para hacer frente a la dolorosa situación de la mejor manera posible. Esto sólo se logra siendo comprensivos y compasivos con nosotras mismas, con nosotros mismos, escuchando nuestras necesidades y actuando en consecuencia, no tomando decisiones que nos debiliten o vulneren, permitiéndonos reconocer y aceptar el interés y las muestras de cariño de las personas que nos rodean; finalmente, ayuda que nos demos permiso de procesar su partida al ritmo que podamos, sin presión alguna, sólo con la certeza de que poco a poco encontraremos la manera de aprender a vivir con su ausencia física de la mejor forma posible.

Sobre este tema, Kushner nos regala otra reflexión:

¿Existe una respuesta para la pregunta de por qué le suceden cosas malas a la gente buena? Eso depende del significado que le demos a la palabra "respuesta". Si queremos decir: "¿Existe una explicación que haga que todo tenga sentido?" –¿por qué hay cáncer en el mundo?, ¿por qué mi padre enfermó de cáncer?, ¿por qué se estrelló el avión?, ¿por qué murió mi hijo?–, entonces es probable que no exista una respuesta satisfactoria. Podemos ofrecer explicaciones eruditas, pero, en definitiva, una vez que hayamos cubierto todos los casilleros del tablero y nos sintamos orgullosos de nuestra inteligencia, el dolor y la angustia y la sensación de injusticia no habrán desaparecido. Pero la palabra "respuesta" puede significar "contestación" además de "explicación" y, en ese sentido, puede haber una respuesta satisfactoria a las tragedias de nuestra vida. La respuesta sería la contestación de Job en la versión de la historia bíblica de MacLeish: perdonar al mundo por no ser perfecto, perdonar a Dios por no hacer un mundo mejor, acercarnos a la gente que nos rodea, y continuar viviendo a pesar de todo.

Harold Kushner finaliza su libro, diciendo:

Pienso en Aarón y en todo lo que su vida me enseñó, y soy conciente de lo mucho que perdí y de lo mucho que gané. Hoy el ayer me parece menos doloroso y no le temo al mañana.

SOBRE EL SINSENTIDO

·····················

La vida nunca se vuelve insoportable por las circunstancias,
sino sólo por falta de significado y propósito.
VIKTOR E. FRANKL

No sentía nada, es decir: sentí "la nada"; uno está absorto
en resolver, en tolerar, en esperanzarse.
GLORIA, mamá de José Gustavo

···

La muerte de un hijo no tiene sentido y nos arranca el sentido; nos fractura en mil pedazos, por lo que reconstruirnos implica una tarea compleja, ante la cual la energía y el deseo resultan insuficientes. La reconstrucción se logra poco a poco, conforme la energía y el ánimo lo vayan permitiendo; sin prisa, con avances y retrocesos.

Debemos volver a armarnos, volver a acomodar cada pedazo como un rompecabezas cuyas piezas fueron arrojadas al aire, pero ¿por qué tenemos que volver a armarnos de la misma manera si nosotros ya no somos los mismos, si el dolor nos ha cimbrado en lo más hondo y nos ha hecho cuestionarnos hasta el sentido de nuestra vida y los motivos para seguir.

Una gran tarea ante un duelo tan devastador es detenernos a reconocer lo que éramos y decidir lo que queremos ser; y a lo mejor sólo basta inicialmente con reconocer que no podemos seguir siendo lo que éramos, que mucho de lo que antes era prioritario hoy ya no lo es; que mucho de lo que antes tenía sentido hoy no lo tiene. Es así como el sinsentido nos lleva gradualmente a encontrar un nuevo sentido, un nuevo quehacer, nuevas prioridades, a resignificar lo que tenemos y a resignificar nuestro existir.

Es una tarea lenta, y para lograrla atravesamos primero el valle de la desmotivación y del desánimo, de la rabia y hasta de la desesperanza, con el riesgo de quedarnos ahí atrapados. Si sientes que no tienes fuerza para seguir, que la rabia no te deja avanzar, te daña y daña a los que amas, por favor pide ayuda a amigos queridos, a familiares incondicionales, a otras personas que han atravesado por situaciones similares, a especialistas.

No estamos solos, y ante ciertas circunstancias no podemos quedarnos solos.

Finalmente, verás que tarde o temprano lograrás encontrar un nuevo y profundo sentido para estar, y muchos motivos profundamente encomiables para seguir.

¿Y REALMENTE TODO ESTE DOLOR VIVIDO TIENE SENTIDO?

En ocasiones me salía de mi cuerpo y me daba lástima de mí misma.

IVONNE, mamá de Mau

N o lo tiene, uno se lo otorga. Cuando ante la muerte de un ser amado uno habla de "salir adelante", "sobrevivir a la pérdida", "aceptar" o "superar", ello hace referencia a avanzar, a permitirnos enfrentar cada momento, a caminar en medio de la tormenta y hacer frente a lo que toca vivir. Avanzar en el camino del duelo tiene que ver con permitirnos darle un sentido a lo vivido en algún momento no inmediato; no decimos "encontrar un sentido", porque es muy probable que no lo tenga, sino "otorgarle un sentido". Siempre podremos descubrir cosas sobre la vida, sobre el ser humano y sobre nosotros mismos, aun en medio de circunstancias dolorosas, incluso gracias a éstas.

Es increíble cómo un dolor tan grande puede traer a nuestras vidas tanta riqueza, como arena blanca y tersa que aparece en la playa después de una terrible tormenta. Sin embargo, permitirnos reconocer los aprendizajes que este momento de tanto sufrimiento ha traído a nuestras vidas es una posibilidad que decidimos regalarnos o no. Podemos decidir permanecer en ese "empantanamiento emocional" del que hemos hablado: permanecer mirando al piso invadidos de rabia, frustración, envidia, impotencia y desesperación, o podemos darnos la oportunidad de mirar a nuestro alrededor y al cielo para reconocer las cosas hermosas que hay por descubrir, recibir y disfrutar (como el amor de la familia y los amigos, su solidaridad, interés y generosidad, etcétera) en medio de tanto dolor.

Estos aprendizajes y descubrimientos, profundamente enriquecedores, cambian nuestra percepción de la vida. Reconocerlo le otorga un sentido a tanto dolor vivido.

REFLEXIONES SOBRE EL AUTOCUIDADO EN EL DUELO

. . . .

Por último, y para terminar este apartado del libro dedicado a la comprensión del duelo por la pérdida de un hijo o hija, queremos reiterar que no hay formas correctas o incorrectas de vivir un duelo, y que tampoco hay atajos; cada padre o madre hace lo puede para hacer frente al dolor por la ausencia, sabiendo que cada día será un nuevo reto.

En este sentido, es muy importante que a lo largo del proceso de duelo no hagamos cosas que vuelvan más profundo y lacerante este dolor, como culparnos y castigarnos por lo sucedido, privarnos del amor y de la compañía de quienes nos rodean, exigirnos hacer frente a situaciones para las que no estamos preparados todavía o prohibirnos expresar libremente nuestras emociones. Éstas son algunas de las cosas que pueden debilitar nuestros recursos y complejizar nuestra tarea.

Es importante, más que nunca, que seas justo y comprensivo contigo mismo, contigo misma; que no te exijas no fallar y no te trates con dureza, ya que el reto a vencer es de por sí extremadamente complejo y doloroso.

De la misma manera, cuídate: descansa tanto como lo necesites, pero si descubres que te estás abandonando al dolor, haz un esfuerzo por levantarte y salir a buscar el amor de los que te rodean.

Permítete beneficiarte de rituales religiosos si te son de ayuda; son guías que pueden facilitar tu andar, siempre y cuando te sean de utilidad. De hecho, si lo requieres, puedes hacer tu propio ritual de despedida, ya que éstos tienen la característica de estar llenos de simbolismos, y resulta muy fortalecedor compartir ese momento con personas afectivamente cercanas que comprendan el significado de cada acto.

Date la oportunidad de estar solo o sola por momentos, pero también permítete estar cerca de las personas que te quieren y quieren a tu hijo o hija.

Retoma tu rutina laboral o cotidiana previa a su partida, sin excederte ni sobrecargarte de actividades y responsabilidades.

Abre espacios que te sumen tranquilidad, como caminar en un lindo parque arbolado, y date la oportunidad de contactar y disfrutar de la naturaleza; y si tienes plantas en tu casa, es hora de retomar sus cuidados. Si hay niños a tu alrededor, permítete disfrutar de su ternura, la cual resultará un oasis en medio de un grande y desolado desierto.

Retoma tu actividad física o el deporte que practicabas, o trata de salir a caminar.

Toma suficiente agua (tu cuerpo en este momento necesita estar hidratado), y por favor, come, aliméntate de forma nutritiva. Quizá no tendrás hambre por momentos, pero no dejes de hacerlo: estás viviendo un momento de mucho desgaste energético y necesitas nutrientes; no comas alimentos muy condimentados, porque son difíciles de digerir y en este momento tienes poca energía como para desgastarla haciendo esfuerzos adicionales para lograr la digestión. A lo mejor tendrás deseos de comer muchos carbohidratos debido a la falta de energía, o a lo mejor tendrás momentos de mucha ansiedad que tratarás de calmarla con algo para comer; pero es importante que no te excedas y te autorregules, ya que el vacío por la ausencia de tu ser amado no lo llenará el alimento.

Seguramente te preguntarás: ¿no es muy egoísta pensar en cuidarme cuando mi hijo ha muerto? No, no lo es. Deja de ser tan dura o duro.

Perdónate por tu incapacidad de controlar, de prever, de evitar su partida. Lo que estás viviendo ya es demasiado duro en sí como para que tú lo seas de forma adicional. Como ya mencionamos, sé justo y compasivo.

Los actos de amor que realices dirigidos hacia tu hijo o hija fallecida tienes que llevarlos a cabo a la par de efectuar actos de amor hacia ti mismo o hacia ti misma y hacia los demás miembros de la familia nuclear y extensa que nos aman y están preocupados por nosotros y nosotras, y que seguramente también están luchando a diario por hacer frente a su gran y particular dolor por lo ocurrido. En este contexto, cuidarnos es un acto de amor a nosotros y a quienes nos rodean.

II

1

APROXIMACIONES AL DOLOR

Hacer el duelo es aceptar que
no somos omnipotentes,
que nuestra capacidad
de protección y control es limitada,
que ocurren accidentes,
que las máquinas fallan,
que la vida es
frágil e impredecible.
ALBA PAYÀS

NO ESTÁS SOLO, NO ESTÁS SOLA

························

E stamos a punto de entrar al corazón del presente libro, un espacio en el cual padres y madres que enfrentan diferentes etapas del proceso de duelo por la pérdida de un hijo o una hija (y en algunos casos, dos) nos comparten de manera muy generosa y enriquecedora sus emociones y reflexiones en cada una de las diferentes etapas y ante cada uno de los diferentes retos que este proceso conlleva. Esperamos que esto te ayude a identificar en sus palabras tus propias vivencias, y que de este modo te sientas acompañado en este proceso tan difícil.

El objetivo de este libro, y de este capítulo en especial, es que sientas que no estás sola ni solo en este sendero tan lleno de espinas que, sin desearlo, te toca caminar. Hay muchas madres y padres recorriéndolo simultáneamente, y son ellos mismos los que a lo largo de estas páginas hoy te dejan pequeños mensajes que, de una u otra manera, como un bálsamo, te confortarán el alma.

Nos permitiremos nosotros también acompañarte por esta vereda con algunas pequeñas reflexiones, buscando con ello ayudarte a tener un poco más de claridad al andar, y especialmente para hacerte sentir que no estás sola, no estás solo en el dolor y en las lágrimas, en tus dudas y en tu incertidumbre.

Finalmente, después de cada apartado, habrá un espacio para ti, donde podrás permitirte verter tus propias reflexiones, tu propio sentir ante los diferentes temas de reflexión que integramos pensando en ti.

Si quisieras hacernos llegar tus pensamientos, te lo agradeceríamos y podríamos, tal vez, con tu permiso, integrarlo en futuras ediciones del libro.

Comencemos el recorrido. Nuevamente, gracias por tu confianza. Estamos juntos.

CUANDO EL CORAZÓN LLORA

Cuando el corazón llora, sólo Dios escucha.
El dolor sube desde dentro del alma.
El hombre cae antes de hundirse,
y con una pequeña plegaria corta el silencio:

"Escucha, mi Dios, Tú todo lo puedes.
Me diste la vida, me diste todo.
Mis ojos están llenos de lágrimas, mi corazón llora en silencio.
Y cuando el corazón calla, el alma grita.

Escúchame, Dios, ahora estoy solo.
Dame fuerzas, mi Dios. Haz que no tenga miedo.
El dolor es tan fuerte que no tengo adónde huir;
haz que se termine, porque ya no tengo fuerzas.

Cuando el corazón llora, el tiempo queda detenido,
el hombre ve de repente toda su vida.
A lo desconocido no quiere ir y a Dios él llora.
Mi corazón llora en silencio.

Y cuando el corazón está en silencio, el alma grita.
Ahora estoy solo, hazme fuerte, mi Dios,
porque ya no tengo fuerza".

SAMUEL ALBAZ

En nuestro viaje a la memoria y el recuerdo, el dolor y el consuelo, la bellísima letra de esta canción nos acompaña y refuerza nuestro sentimiento. Puedo escucharlos clamar: *el dolor es tan fuerte… ahora estoy tan sola, tan solo…* ¿Dónde están sus manos? ¿Dónde está su mirada? ¿Dónde están? ¿Adónde se han ido? Manos que observan tus manos. ¿Dónde están tus manos? ¿Acaso son manos de luz fría sin sol, manos que no crean, que acarician distraídas, impacientes? ¿Son manos arrugadas por la sequedad del dolor?

Cuando el corazón llora. ¿Cómo es la música de tus manos, y cómo es la música de tu mirada? ¿Cuánto hay en ella de soledad, de tristeza? ¿Cuánto dolor hay en tu mirada? ¿Cuánto tiempo detenido hay en tu vida? ¿Cómo dan cuenta tus ojos de tu alma? ¿Adónde se va la música una vez que ya sonó?

Sentimos dolor. Y a lo largo de los años, hay una pregunta que escucho una y otra vez: "Rabino Marcelo, ¿cuándo dejaremos de sentir dolor?". Algunos hacen la pregunta con palabras; otros, con una lágrima; alguien más, con la tristeza de su mirada; hay quien lo hace apenas con un suspiro. *El dolor es tan fuerte…* "Rabino Marcelo, ¿cuándo deja de doler? ¿Cuándo dejaremos de sentir el dolor de nuestra pérdida?".

Siento decírselos, pero la respuesta es *nunca*. Y esto es porque algo fundamental sucede cuando perdemos a un ser querido. La vida nunca volverá a ser igual. Nuestro círculo de vida ha sido roto. Y no sólo los extrañamos más de lo que podríamos expresar con palabras, sino que también extrañamos a la persona que éramos antes de que esto nos sucediera. Claro que podemos intentar, si queremos, negar nuestro dolor. Podemos intentar, si queremos, "ser fuertes", "seguir adelante con nuestra vida", como nos dicen nuestros amigos. Pero en el corazón sabemos que esa estrategia no funciona, porque cuando nos negamos a admitir nuestro dolor, lo intensificamos.

Alguien lo expresó muy bien: "El amor es la ausencia de algo a lo que una vez estuvimos atados. Y el dolor es la marca que nos queda de la cuerda cuando nos quitan aquello que estuvimos agarrando y a lo que ya no podemos aferrarnos". Y te pregunto: ¿qué harás cuando tengas en la mano una marca que te dejó esa cuerda? ¿Esperarás a que se borre ella sola? ¿Te culparás a ti mismo por tenerla? ¿Usarás una pomada y serás paciente contigo mismo hasta que sane? Y si te queda una cicatriz, ¿te avergonzarás e intentarás ocultarla, o simplemente la aceptarás y aprenderás a vivir con ella lo mejor posible?

En el Salmo 23 está escrito: "Aunque camino a través del valle de la muerte…". Alguna vez dije que uno debe caminar a través del valle. No es posible rodearlo ni tomar un atajo. Tienes la necesidad de que te duela; tienes el derecho a llorar, a exclamar: "¡El dolor es tan fuerte!".

Leí un relato que tal vez pueda ayudarnos a responder a la duda que cargamos en el corazón. Una vez le regalaron al sabio una hermosa copa de cristal. La tomó entre sus manos, agradeció y dijo: "Debes saber que esta copa de vidrio ya está rota". ¿Cómo? ¿Qué significa eso?

Quiso decir que la copa era hermosa, y que apreciaba la forma en que reflejaba la luz del sol. Pero desde el día que la recibió, comprendió que la falta de permanencia ya estaba presente. Sólo era cuestión de tiempo hasta que algo le sucediera y se encontrara en el piso, en pedazos. Comprendió que no sería suya para siempre. Que algún día, en algún momento, la copa ya no estaría entre sus manos. Pero de cualquier forma, él estaba agradecido por el regalo y lo cuidaría.

Lo que quiero decirles es que si podemos comprender y admitir que aquellos a quienes amamos, algún día, en algún momento, pueden abandonarnos, y si podemos admitir que cuando esto suceda nos dolerá para siempre, entonces, quizás, viviremos nuestra vida un poco mejor. Y entonces, tal vez, el dolor, ese pasajero incómodo que viaja con nosotros en el camino de la vida, quizás, después de todo, resulte ser un buen compañero de viaje.

Así como tenemos la necesidad y el derecho de dolernos, también debemos tener el *valor* de hacerlo. Porque sólo cuando tengamos el valor de aceptar el dolor, de admitirlo, tendremos el valor de vivir la vida con más intensidad, y tendremos la capacidad de amar sin temor.

Cuando reconozcamos las cicatrices que nos dejó la muerte de nuestro *alguien*, cuando admitamos que la vida nunca será igual, cuando evoquemos el recuerdo de su vida y de su partida, entonces tal vez podremos entender mejor nuestro dolor y podremos agradecer el regalo del tiempo que compartimos durante una parte de nuestro viaje por la vida.

Y entonces podremos crecer y avanzar. Con el recuerdo, la memoria, el dolor y la melodía de su vida.

MARCELO RITTNER

Podemos soportar mucho más de lo que
creemos que podemos;
toda la experiencia humana da testimonio
de eso.
Todo lo que necesitamos aprender es
a no tener miedo del dolor.
Aprieta tus dientes y deja que te duela.
No lo niegues, no te agobies por ello.
No durará para siempre.
Un día, el dolor desaparecerá y tú seguirás allí.

HAROLD KUSHNER

2

UN DOLOR INMENSO

Dad palabra al dolor:
el dolor que no se habla
gime en el corazón hasta que lo rompe.

WILLIAM SHAKESPEARE

Llorar es una forma
en que tus ojos hablan
cuando tu boca
no puede explicar
qué tan roto está tu corazón.

CUANDO EL DOLOR DESGARRA EL ALMA

· ·

"El dolor era tan grande y profundo que me dolía respirar."

IVONNE, mamá de Mau

· ·

"Todo duele; lo que veo, lo que pienso, lo que hablo, lo que escucho, lo que hago… No sabía que existía un dolor tan grande."

RAQUEL, mamá de Jaime

El dolor en torno al momento de su muerte

"Demasiados sentimientos golpeaban dentro de mí."

LAILA, mamá de Anuar

· ·

"Terribles y de todo tipo."

GALIA, mamá de Tamara

No podía creer lo que estaba sucediendo...

"Me sentía confundido."

MIGUEL, papá de Miguel

· ·

"No podía ni concebir que esto estuviera pasando."

LAILA, mamá de Anuar

....

"Sentía que esto no era verdad, que en cualquier momento vendría mi hijo y me diría: 'Mamita, ya llegué'."

RAQUEL, mamá de Jaim

....

"No lo podía creer, ¿cómo era posible que esto estuviera sucediendo?, ¿cómo era posible que ya no lo volvería a ver, a escuchar, a oír o a sentir?"

MARCELA, mamá de Chema y Santiago

....

"Esperaba un hecho casi mágico que me despertara de esta pesadilla."

LAILA, mamá de Anuar

....

"Era imposible creer que me habían dejado sola; imposible creer que mis dos hijos se hubieran muerto."

MARCELA, mamá de Chema y Santiago

Una reflexión para compartir ■

Las sensaciones antes descritas son el resultado del estado de shock que el impacto ante la muerte de un ser amado detona en los primeros momentos. La poca claridad de pensamiento, sensación de irrealidad y hasta la pérdida de contacto con el mundo real, la incapacidad de ordenar las ideas y poner nombre a las emociones, así como de comprender ampliamente lo que está sucediendo son algunas de las sensaciones que podemos experimentar en este estado, y que están relacionadas con la avasallante realidad que vivimos en esos momentos.

Este colapso en nuestra capacidad de comprensión y enfrentamiento es como un cierre súbito de compuertas que obstruyen el pensamiento, impidiendo con ello dar paso a la conciencia de tan devastador hecho. Dichas compuertas permitirán que la realidad se vaya filtrando poco a poco, con todo lo que ella implica, en la medida que tengamos más fortaleza interna para hacerle frente.

Entre más impactante y traumática sea la pérdida, así como las condiciones en torno a ésta, mayor probabilidad habrá de que el estado de shock dure más de unas horas o un día, o se prolongue por varias semanas, y en algunos casos hasta por un mes o más.

Este estado de shock va acompañado de otras sensaciones que a continuación se nos describen, las cuales también son normales, cuya intensidad y duración son proporcionales al impacto de lo perdido.

Dolor profundo, dolor en el alma...

"Era un profundo e indescriptible dolor... literalmente dolía muy hondo."

LAILA, mamá de Anuar

....

"Me dolía tremendamente... En los primeros meses, el desgarre interno que causaba el dolor era insoportable."

JUAN CARLOS, papá de Diego

....

"Me sentí perdido por un mes, tratando de encontrar cómo seguir viviendo con este dolor tan profundo que no encuentra consuelo en nada ni en nadie."

ANUAR, papá de Anuar

....

"El dolor más grande lo producía saber que ya no había nada que hacer."

RAQUEL, mamá de Jaim

....

"Mi cuerpo resintió tanto dolor, mi salud se resquebrajó y empecé a padecer muchas enfermedades, además de que mis músculos se contracturaron causándome mucho dolor... Me dolían el cuerpo y el alma."

LAURA, mamá de Diego

Una reflexión para compartir ————————————■

Todo trae torrentes de recuerdos tristes.
Isa Fonnegra de Jaramillo

Este dolor que nos ahoga, devasta y por momentos agota es el resultado de un cúmulo de sentimientos muy intensos, indescriptibles e indefinibles, que se nos agolpan en el pecho y nos laceran el alma. Ante este sentimiento sólo queda fluir, compartirlo y cuidarse.

Fluir implica no resistirse al dolor, esto es, reconocer que el profundo dolor que sentimos es una respuesta natural a la tan impactante situación que estamos viviendo, ser comprensivos con nosotros mismos y permitirnos vivir el momento de la mejor forma posible (sin forzarnos, exigirnos o juzgarnos). Compartir el dolor, llorar en compañía, platicar con alguien que nos escuche y comprenda estas sensaciones que por momentos pueden parecer enloquecedoras, así como escribir o pintar, son algunas formas de expresar estas sensaciones que nos invaden el alma.

Diversos estudios han demostrado que las personas en duelo que se aíslan, que no comparten con otros sus sentimientos, pensamientos, preocupaciones, etcétera, tienden a vivir duelos más complejos, mismos que tardan más tiempo en sanar; en este sentido, compartir lo que uno está viviendo (siempre y cuando uno elija correctamente al depositario de esta información tan íntima) resultará muy fortalecedor y nos ayudará a hacer frente al proceso de duelo con los mayores recursos, porque al compartir nos escuchamos a nosotros mismos, organizamos nuestros pensamientos y liberamos la presión que sentimos (al despresurizarnos, descargamos tensión al dejar salir los sentimientos contenidos). Con ello no sólo logramos sentir alivio, además nos permitimos enriquecernos con la mirada, el afecto y la retroalimentación verbal de nuestro interlocutor.

OTROS SENTIMIENTOS QUE SE AGOLPAN EN EL ALMA

· ·

Tristeza

"Una enorme tristeza."

SANTIAGO, papá de Tomás y Santiago

· ·

"Una profunda tristeza."

MIGUEL, papá de Miguel

· ·

"Estaba tan triste que nada ni nadie me importaban ya."

RAQUEL, mamá de Jaim

Angustia, impotencia, desesperación

"Angustia por lo que estaba sucediendo."

MARCELA, mamá de Chema y Santiago

· ·

"Desesperación… mucha desesperación."

CAROLINA, mamá de Pato

· ·

"Me desahogaba cuando iba sola en el coche, ahí gritaba y lloraba como loca hasta quedarme afónica."

LUPITA, mamá de María

....

"Una impotencia enorme y gran desesperación... Quería gritar y no podía emitir ningún sonido... Yo quería estar con él en la camioneta de la funeraria y no pude decirlo... En la funeraria yo quería estar con él, limpiarlo y vestirlo, y no pude decirlo... En el velatorio yo quería abrazarlo y besarlo, tocarlo por última vez, sentirlo, y no pude decirlo... En el panteón yo quería estar junto a él, esperar a su lado hasta que lo enterraran, pero tampoco pude decirlo."

MARCELA, mamá de Chema y Santiago

Vulnerabilidad

"Me sentía tan desamparada, tan vulnerable e indefensa."

MARCELA, mamá de Chema y Santiago

Incomprensión

"Sentía una profunda incomprensión."

MÓNICA, mamá de Pierre

Culpa

"Sentía tanta culpa..."

CAROLINA, mamá de Pato

....

"Lo primero fue culpa."

JOSÉ LUIS, papá de José Pablo y Milly

....

"Me culpé enormemente por lo sucedido, yo sentía que era mi total responsabilidad, que había sucedido por un descuido mío... Me culpé muchísimo, llegué a pensar que no tenía perdón ni de Dios."

LETY, mamá de José Pablo y Milly

Una reflexión para compartir ———————————■

Ante este evento tan doloroso en nuestras vidas, surgen un cúmulo de emociones que son como grandes oleajes de dolor que parecen ahogarnos, mismos que van desde la saturación afectiva o la sensación de estar anestesiado (como resultado de la sobrecarga emocional y la incapacidad para procesarla) hasta la desesperación, pasando por la tristeza, la culpa, la indefensión o la impotencia, entre otras.

Estas emociones están íntimamente ligadas a la profunda sensación de vulnerabilidad que vivimos y a la intensa sensación de angustia que nos invade ante esta realidad (mismas que, como ya lo comentamos anteriormente, sobrepasan nuestra capacidad de enfrentamiento), y pueden ir acompañadas de algunas alteraciones como intranquilidad constante, temblores en el cuerpo, palpitaciones, opresión en el pecho, sudoración, fuertes dolores de cabeza, etcétera.

Todas estas reacciones y manifestaciones somáticas son normales; no hay que tratar de entenderlas, sino tan sólo reconocerlas y verbalizarlas. Ponerles palabras a las emociones nos ayuda a empezar a organizar el pensamiento; pues verbalizarlas, además de servir como vía de descarga, nos permite disminuir nuestra sensación de indefensión al sentirnos escuchados y acompañados, y saber que alguien más está pendiente de nosotros y de cómo nos sentimos.

Miedo y hasta pánico

"Sentía miedo, mucho miedo."

LETY, mamá de José Pablo y Milly

"Me consumía el pánico; no era sólo miedo, era de verdad pánico."

LAILA, mamá de Anuar

Enojo, coraje, rabia

"Enojo y coraje por estar viviendo esta situación tan injusta."

MÓNICA, mamá de Pierre

"Enojo, rabia… De hecho, tardé muchos años para poder pronunciar la palabra 'rabia', era una palabra que me dolía, que me avergonzaba y que no entendía."

LETY, mamá de José Pablo y Milly

"Furia, enojo, mucho enojo… Pasé por una etapa de enojo donde estaba muy molesto con él, con mi hijo; incluso, por mi mente pasó el sentimiento de decepción, porque sus actos desembocaron en un final trágico que ni él ni nosotros nos merecíamos."

MIGUEL, papá de Miguel

Una reflexión para compartir ━━━━━━━━━━━━━ ∎

El origen de estos intensos sentimientos de enojo, rabia y coraje (así como del miedo y hasta pánico antes mencionados) es el dolor mismo ante el terrible panorama que se nos presenta de seguir la vida sin el otro.

Dicho enojo sobreviene como lava de volcán que se desborda por momentos con gran intensidad, rechazando en ese momento cualquier intento de consuelo. Muchas veces la persona no es consciente de que lo está experimentando, pero es natural y hasta necesario sentirlo (más adelante hablaremos de ello). Pueden estar dirigidos hacia alguien o algo en específico (el médico que lo atendió, la enfermedad que lo atacó, la persona que lo atropelló, etcétera) o no tener un objeto específico de descarga (por ejemplo, solamente sentir una gran rabia que quema por dentro).

En ocasiones, este gran enojo se puede sentir por uno mismo, convirtiéndonos en nuestro propio objeto de descarga, un hecho que nos puede llevar a generarnos mucho daño de forma directa (por acto u omisión) o indirecta.

Al respecto quisiéramos comentar que si bien es natural y humano sentir enojo, es importante expresarlo, y evitar proyectarlo lastimando a otros con palabras o actos. Es tan intensa la emoción y tan poco claro nuestro pensamiento en estos momentos, que ello puede llevarnos a lastimarnos más de lo que la pérdida en sí misma ya nos desgarra.

Siempre habrá alguien a nuestro alrededor que pueda escuchar y comprender que estamos tan enojados como tristes y lastimados. Siempre habrá alguien cerca para ayudarnos a expresarlo y con ello hacernos sentir mejor.

Cansancio

"Me sentía cansada de llorar, cansada de luchar. No sabía si resistiría seguir así."

RAQUEL, mamá de Jaim

Una reflexión para compartir ━━━━━━━━━━━━━━━━━■

Por supuesto que todo este cúmulo de intensas sensaciones nos agota. Reconocer este extremo cansancio es importante; pero, sobre todo, actuar en congruencia; esto es, nuestro cuerpo requiere descansar. Dormir tanto como lo necesitemos no sólo nos permite hacer un alto al dolor, sino también recargarnos de energía necesaria para seguir haciendo frente a este largo camino del duelo.

OTRAS EXPRESIONES DEL DOLOR

Muerte de una parte de mí

"Auténticamente sentí cómo una parte de mí se fue con él, una parte que jamás regresará a mí."

LAILA, mamá de Anuar

Pérdida de sentido de vida y hasta deseo de no vivir

"Pensaba: 'Esto no es vida, es un dolor que está tan adentro…' Lo que antes tenía sentido ya no lo tiene."

RAQUEL, mamá de Jaim

....

"En un principio, después de la muerte de mi hijo, para mí vivir o no vivir me daba igual."

JOSÉ LUIS, papá de José Pablo y Milly

....

"Me preguntaba cómo seguir y para qué; ya nada tenía sentido… ¿Cómo seguir viviendo si todo está hecho pedazos? No tenía fuerzas para seguir intentándolo, no tenía ganas de intentarlo más… Me sentía débil, sin fuerza para luchar, sin deseo de seguir, sin deseo de vivir… Sólo sabía que tenía que seguir en este mundo por mi hija, a quien no podía abandonar."

RAQUEL, mamá de Jaim

"Empezaron a aparecer pensamientos acerca de la muerte, yo quería irme con mi hijo… A diario durante varios meses pensaba en morir, pensaba que la vida se había acabado para mí."

LAURA, mamá de Diego

....

"Cuando vi su cuerpo en esa cama de hospital, me volteé para buscar algo en ese lugar que terminara con mi vida en ese momento. Repentinamente en esos instantes entró mi hija a ver a su hermano y su mano en mi hombro me regresó a la vida; ya no podía hacer nada por mi niño, pero aquí estaba, gracias a Dios, mi otro motor para continuar… Así lo comprendí entre la neblina fría y oscura que cegaba mi mente."

LAILA, mamá de Anuar

Una reflexión para compartir ————

Estos pensamientos límite, resultado de una invasión de sentimientos intensamente dolorosos, forman parte del proceso del duelo ante la muerte de un hijo.

Y cómo no va a suceder así, si lo que se vive es inevitablemente desequilibrante. La falta de deseo de vivir, la pérdida del significado y propósito de la vida, así como el deseo de morir son el resultado de una realidad que nos es impuesta, acompañada de oleadas de agonía e inconmensurable dolor. Al no tener salida, estos sentimientos hacen que el padre o la madre caigan en gran desesperación y hondo desconsuelo.

"¿Para qué seguir?, ¿cómo seguir?" son preguntas existenciales que tardarán en tener respuesta. Para otras preguntas como: "¿Por qué sucedió?, ¿por qué a nosotros?, ¿por qué a mi hijo?, ¿por qué a mi hija?" nunca habrá una respuesta o, si llega, a veces será insuficiente.

La muerte de un hijo plantea una crisis
de proporciones mayores, en la que el
mundo ordenado y el confiable
se rompe en pedazos,
el orden del universo se desmorona
y el sentido de la vida pierde el significado.

ISA FONNEGRA DE JARAMILLO

Te toca vivir tiempos difíciles, muy difíciles...
y acabas de empezar...
Estás empezando a caminar y te espera un largo
viaje. No tengas prisa,
no mires más allá del hoy, sólo lo justo para vivir
el día a día...
No te hagas demasiadas preguntas
y procura que las decisiones que tengas que
tomar sean las que sientas que son buenas para
ti...
sólo tú sabes lo que te conviene...
Tan sólo te toca estar atento.
Aunque te invada el dolor, debes estar atento.

ALBA PAYÀS

•• *Y a ti, mamá, papá: ¿qué sensaciones te invadieron en torno al momento de la muerte?*

_____

_____

_____

_____

_____

_____

_____

_____

_____

_____

_____

_____

_____

_____

_____

_____

_____

No te pierdas en tu dolor.

Debes saber que un día

tu dolor

se convertirá en tu cura.

RUMI

SENTIMIENTOS Y EMOCIONES QUE ACOMPAÑAN EL PROCESO DE DUELO

· ·

"Las mismas y más."

MÓNICA, mamá de Pierre

· ·

"Tu vida se vuelve un remolino de emociones y sentimientos."

GALIA, mamá de Tamara

· ·

"A veces rabia, a veces esperanza, otras un imposible seguir viviendo… una añoranza de lo que podría haber sido, y frustración de la realidad que sí fue."

ANUAR, papá de Anuar

· ·

"No podía creer que la vida de todos siguiera y él ya no estaba."

RAQUEL, mamá de Jaim

· ·

"Mi mundo estaba estático, detenido en el hecho, y no concebía que los minutos siguieran corriendo y la vida de todos continuara cuando mi hijo ya no vivía."

LAILA, mamá de Anuar

· ·

"Siento que perdí algo de cordura por no decir que me volví un poco loca con su partida."

MARCELA, mamá de Chema y Santiago

Dolor por su ausencia

"Posteriormente, al comenzar a vivir con su ausencia, no puedo decir que ya me iba sintiendo mejor, porque la verdad sucedió lo contrario. Al principio el tiempo es el peor enemigo... Ya no quieres que siga corriendo el tiempo porque es el escenario donde transcurre y se manifiesta el dolor."

LAILA, mamá de Anuar

"Me acompañaba un profundo dolor."

PALOMA, mamá de Álvaro

"Muchísimo dolor por su ausencia, por no tener más tiempo con él."

MARCELA, mamá de Chema y Santiago

"Me duele respirar y que mi hija no respire, me duele el simple hecho de estar viva y que ella no lo esté."

LUPITA, mamá de María

"Hace apenas dos años tres meses murió mi hijo... El duelo no ha terminado y no creo que jamás termine, creo que el dolor nos va a acompañar toda la vida."

LAURA, mamá de Diego

Una reflexión para compartir ──────────────■

Conforme pasan las semanas y los meses, la ausencia del ser querido se hace más tangible y, por ende, innegable. El padre y la madre, en su deseo de tenerlo a su lado, de forma inconsciente o irreflexiva, sólo guiados por el anhelo, lo recordarán constantemente (en ocasiones su vida, y en otras su dolosa partida), lo buscarán al llegar a casa, en su recámara y en otros lugares donde solía estar. En su profunda necesidad de volverlo a ver, sentir, oír, oler, les parecerá ver su silueta en la calle, o haberlo escuchado, olido o sentido. Estos diminutos lapsos de tiempo, en los que la negación ante la dolorosa realidad de su partida impera, nos permiten vivir una pasajera pero gratificante ilusión, seguida, sobre todo en el primer tiempo, de un hondo desconsuelo.

Poco a poco estos recuerdos, pensamientos y sensaciones de repentina aparición, generados por el gran deseo de reencuentro con ese ser tan amado, nos dejarán con tristeza y melancolía, pero menos abatidos, y hasta con una sutil sensación de alegría. Poco a poco podremos detener conscientemente los pensamientos desgarradores que antes nos atrapaban en un laberinto de dolor, en un intento de ser más justos con nosotros mismos, más considerados, y de no generarnos cantidades adicionales e innecesarias de dolor, que no nos hacen amarlo más, ni nos hacen estar más cerca, pero sí nos debilitan y atormentan.

Tristeza

"La tristeza y más tristeza."

MIGUEL, papá de Miguel

....

"Una tristeza profunda y una depresión enorme."

MARCELA, mamá de Chema y Santiago

"No comprendía cómo continuar sin mi hijo. La tristeza y la añoranza cubrían todo mi ser, pero tenía que volver nuevamente a vivir."

LAILA, mamá de Anuar

....

"Las lágrimas me brotaban sin control ante el más mínimo recuerdo o comentario."

LAILA, mamá de Anuar

....

"Estaba sumida en una depresión, y pensaba que quizá nunca iba a poder salir de ésta."

RAQUEL, mamá de Jaim

Una reflexión para compartir ──────────■

La tristeza es un sentimiento que inevitablemente acompaña todo el proceso de duelo y lo trasciende. Se hace presente al despertar, surge ante cualquier estímulo a cualquier hora del día y nos acompaña de noche. Su intensidad es variada, y no siempre va acompañada de llanto, pese a que éste es el modo más común de expresar la tristeza. Y aunque suene extraño, esta tristeza que produce el recuerdo se convierte en una forma cotidiana de manifestación de amor a ese *alguien*, así como en la forma de sentirnos y sentirlo más cerca.

No hay una respuesta mágica a la pérdida.
Nada, ni siquiera el tiempo, hará desaparecer
completamente el dolor.
Pero la pérdida es transformadora si es
recibida con fe.
La fe es nuestra oportunidad de dar sentido
a la pérdida, de hacer frente a la piedra que
rueda en el hueco de nuestros estómagos
cuando algo que amamos,
algo que pensamos que era para siempre,
desaparece de repente.

DAVID WOLPE

Desesperanza

"Sentía una profunda desesperanza, pensaba: 'No quiero nada, no quiero nada… La vida sin ti ya no tiene ningún sentido'."

RAQUEL, mamá de Jaim

....

"La desesperanza era y sigue siendo mi compañera, perdí el sentido de la vida."

LUPITA, mamá de María

....

"Se paralizó mi mundo, mis planes, mis expectativas… No había nombre para describir quién era y cómo me sentía… No había nada ni nadie que me hiciera sentir el gusto por vivir."

LETY, mamá de José Pablo y Milly

Una reflexión para compartir ━━━━━━━━━■

Esta desesperanza, así como esta falta de sentido de vida que trasciende los primeros meses y nos acompaña por un poco más de tiempo, a decir de Elisabeth Lukas, está asociada al lacerante hecho de que nuestra vida no volverá a ser como antes, porque es imposible recuperar lo perdido. En este sentido, nuestra pérdida es insustituible y su ausencia ha dejado un hondo y doloroso vacío.

Pero precisamente esta profunda pena es el resultado de un amor tan grande que trascendió a la muerte, y que se hace presente con la misma intensidad, y probablemente hasta con una mayor, todos los días y a cada momento desde su partida. Este amor tan inconmensurable y tan trascendente es precisamente el que nos impulsa a llevar a cabo actos trascendentes de vida en su nombre, que nos hacen sentir plenos y llenan de sentido nuestra existencia.

Sin embargo, salir del pozo del dolor y la desesperanza para lograr encontrar un sentido a la vida no es nada fácil, requiere de tiempo, de fuerza interna para lograrlo y de redes solidarias de apoyo que nos ayuden a dar el primer paso. Pero lo esencial para lograrlo siempre se ha tenido, y cada día es mayor: el gran e incomparable amor por mi hijo o hija. Ese amor es el motor que nos impulsa a seguir y a encontrar el sentido.

Vacío... vacío existencial

"Sentía un vacío tan profundo…"

MARCELA, mamá de Chema y Santiago

....

"Dos años y dos meses después de su muerte, el sentimiento que me acompaña es el vacío de su presencia con todo lo que eso significa."

JUAN CARLOS, papá de Diego

Una reflexión para compartir ——————■

Elisabeth Lukas escribió: "La falta de sentido de la vida da lugar a una frustración existencial caracterizada por el vacío interior".

El vacío existencial es una condición temporal que se puede hacer crónica y generar un mayor sufrimiento emocional, según Irvin D. Yalom. Es como si el ser humano hubiera perdido la brújula de su existencia, y esta condición puede llevar al padre o a la madre a ingerir sustancias, llevar a cabo actos impulsivos que lo llenen de vitalidad o actos desesperados que pongan en riesgo su vida.

El vacío existencial sólo se llena encontrando un sentido de vida, y éste al principio puede ser pequeño, uno que me permita salir adelante día con día: la visita de mis amigas, el cuadro que mi hermana me pidió que le pintara, la graduación de mi otra hija o hijo, el cariño de mi pareja y disminuir la preocupación de mis hijos... Así, poco a poco lograremos llenar este vacío con proyectos que le den sentido a nuestras vidas.

Si sientes que no sólo no encuentras un sentido a tu vida, sino que además la sensación de vacío se hace más grande, y con ello la desesperanza, es importante que busques la ayuda de un profesional de salud mental (psicólogo, psiquiatra o psicoterapeuta especializado en la atención a personas en duelo).

Es importante que sepas que acabar con tu vida no es, de ninguna manera, la única alternativa para terminar con el dolor; que el inmenso amor que sientes por ese ser que partió es precisamente el que te llevará a hacer actos trascendentes y que llenen de sentido tu vida en su nombre. Pero para lograrlo es esencial que recibas la ayuda de un especialista que te acompañe en este difícil camino, al final del cual hay esperanza, sentido, y sobre todo un inmenso amor por tu hijo o tu hija, convertido en actos trascendentes y llenos de sentido.

Vulnerabilidad y desprotección

"Me sentía tan vulnerable..."

MARCELA, mamá de Chema y Santiago

....

"Perdida y desprotegida."

MÓNICA, mamá de Pierre

....

"De las cosas que más me afectaron es la vulnerabilidad que tenemos los seres humanos ante las adversidades de la vida... Todo puede suceder, aun cuando se considere imposible."

LAILA, mamá de Anuar

Desesperación e impotencia

"Mucha desesperación por no poder hacer nada para cambiar las cosas."

MARCELA, mamá de Chema y Santiago

....

"Me sentía impotente… Era una impotencia enorme."

IVONNE, mamá de Mau

Una reflexión para compartir ⎯⎯⎯⎯⎯⎯⎯⎯■

Ante lo irreversible del hecho, surgen inevitablemente profundos sentimientos de desesperación e impotencia, ya que en efecto no hay ya nada que podamos hacer respecto a su partida, pero sí respecto a la forma en la que me permitiré vivir y enfrentar de la mejor manera posible un hecho ante el que me encuentro en una condición de indefensión y gran vulnerabilidad, totalmente desprovisto de herramienta alguna de afrontamiento. Pero poco a poco, conforme el dolor empiece a ser más manejable, empezaremos a hacer uso de nuestros recursos propios de los que puedo echar mano o de los recursos de mi red de apoyo, mismos que llegarán a través de consejos, de modelarme con su ejemplo (en el caso de un grupo de autoapoyo) o de una orientación especializada, entre otras formas.

Enojo, coraje y resentimiento

"Estaba muy enojada y llena de rencor."

IVONNE, mamá de Mau

....

"El enojo fue muy difícil de manejar, todavía lo siento… ¿Por qué tenía que sucederle a mi hija, si no le hacía mal a nadie? Ella tenía un niñito que la necesitaba y yo también la necesito muchísimo."

LUPITA, mamá de María

· ·

"Mucho coraje con el amigo que venía manejando en estado de ebriedad… Mucho coraje con los amigos que lo dejaron manejar en ese estado… Mucho coraje con sus padres, porque nunca reconocieron la gravedad de los hechos ni parecieron lamentar el profundo daño que su irresponsabilidad y la de su hijo nos generaron… Muchísimo coraje con el copiloto, porque él no había bebido alcohol y no detuvo al conductor… Mucho, mucho coraje con mi hijo porque se subió a esa camioneta, porque no cumplió su palabra, no midió las consecuencias, tomó y no se cuidó."

MARCELA, mamá de Chema y Santiago

· ·

"Resentimiento con Dios, porque lo dejó morir cuando a mi hijo todavía le faltaba mucho por vivir, con el médico que no lo diagnosticó adecuadamente y conmigo mismo."

JOSÉ LUIS, papá de José Pablo y Milly

Concédete permiso para sentirlo e incluso
mostrarlo, por irracional que sea.
Tienes derecho a protestar por lo que ha pasado.

ALBA PAYÀS

Una reflexión para compartir ————————————■

Rabia contra la enfermedad o los médicos, contra los causantes, las personas relacionadas con su muerte o contra los presuntos culpables, contra los que están vivos o sobrevivieron, contra la vida, contra Dios, contra uno mismo... Y más adelante –porque al principio el mismo dolor no lo permite– rabia contra la hija o el hijo fallecido.

Estar enojado con nuestro hijo o hija fallecida puede hacernos sentir culpables, pero este sentimiento sólo es el reflejo de nuestro profundo amor por ese ser, así como del gran dolor que sentimos ante su ausencia.

Es normal y natural sentir enojo por la pérdida de un ser muy querido, cuanto más si quien murió es un hijo o una hija, ya que siempre la muerte de nuestra descendencia nos parecerá injusta y enloquecedoramente dolorosa.

Resulta hasta necesario enojarse, ya que este sentimiento muchas veces es más manejable que el dolor, así que los momentos de rabia nos permiten hacer una necesaria pausa al sufrimiento (a manera de tregua), en la que además nos cargamos de energía para seguir haciendo frente a tan desgarradora tarea.

En algunos casos, la rabia se convierte en un sentimiento que nos motiva a vivir y a seguir adelante, y en ocasiones éste se puede llegar a convertir en la fuerza que nos impulsa a sobreponernos, a trascender al hecho de su muerte y resignificar nuestras vidas... El enojo por la injusticia vivida se puede trasformar en una lucha social, en una causa o misión de vida.

Por lo anterior, sentir coraje durante un corto periodo puede ser de gran utilidad y hasta indispensable para nuestra sobrevivencia psíquica, siempre y cuando podamos tener claro el origen y sentido de éste. Sin embargo, si la rabia persiste, si se pierde el control y el sentido, generará resentimientos profundos, con lo que el dolor tenderá a perpetuarse y agravarse.

En este sentido, si pasa el tiempo y no logramos disminuir paulatinamente su intensidad o liberarnos de este sentimiento, si perdemos el control sobre el enojo, el resentimiento o el deseo de venganza, éste empezará afectar nuestras relaciones sociales y afectivas. Nos aislará, contaminará nuestra percepción del mundo y nuestro actuar; nos producirá malestar anímico (tensión excesiva e intranquilidad, por ejemplo), malestar físico (dolor de cabeza, tensión muscular, etcétera) y diversas enfermedades; también nos producirá malestar espiritual, y éste trastocará nuestra paz interior y hasta nuestro sentido de vida.

Finalmente, los sentimientos antes mencionados, como ya se comentó, no sólo son parte del proceso de duelo, sino que hasta resulta necesario vivirlos para poder hacer frente y superar, en la medida de lo posible, la pérdida. Pero tenemos que estar muy al pendiente de ellos y no permitir que se apoderen de nuestra vida. Si sentimos que no podemos deshacernos de ellos, es hora de pedir ayuda especializada para evitar que nos generen más dolor, así como para poder recuperar el control emocional y la paz.

Culpa

"Mucha culpa por no poder impedir que consumiera alcohol, por no pedirle que ese día no saliera de casa."

MARCELA, mamá de Chema y Santiago

Una reflexión para compartir ———————————■

Elisabeth Kübler-Ross, en su último libro, titulado *Sobre el duelo y el dolor*, reflexiona al respecto lo siguiente: "Parece que de alguna forma fue tu culpa. Tú estabas ahí. Viste todo lo que pasaba. En tu retrospectiva de las cosas vividas, destacan multitud de cosas que habrías hecho de manera diferente, pero todos los sucesos requieren de muchos factores convergentes para producirse; por ejemplo, podríamos haber detectado antes el tumor, pero no nos pasamos la vida buscando enfermedades [...] La triste realidad es que a pesar de todos nuestros esfuerzos, todos morimos algún día, normalmente antes de lo que nos gustaría [...] Las cosas malas también suceden: enfermedades, accidentes, delitos, etcétera, aunque deseemos evitarlas. Los sucesos trágicos suceden con más frecuencia de lo que nos gustaría y no es culpa de nadie, y la verdad es que la vida es arriesgada y peligrosa, y que la muerte nos llegará a todos un día u otro, por mucho que le temamos".

La culpa es una de las reacciones más comunes después de la muerte de un ser querido, pero también es uno de los sentimientos que más dolor producen en el proceso de duelo, así como una gran arma para castigarnos por lo sucedido, por haber "fallado" en nuestra tarea como padres (cargada de grandes e irreales expectativas) de proteger, sobre todas las cosas, la vida de nuestros hijos e hijas.

El sentimiento de culpa sólo genera más dolor, un innecesario dolor adicional, al de por sí lacerante que ya vivimos por el fallecimiento de ese ser amado, y que se incrementa en la medida en la que somos más severos y menos compasivos con nosotros mismos.

Finalmente, si bien es cierto que el sentimiento de culpa nos habla del amor a ese ser y el dolor por su partida, el autocastigo a través de la culpa no puede ser el medio para demostrarnos y demostrarle lo grande de nuestro amor.

Incomprensión y deseo de estar a solas

"Sentía tanta incomprensión…"

MÓNICA, mamá de Pierre

....

"Sentía que nadie podía imaginar la agonía que estábamos viviendo, que nadie nos comprendía, que estábamos solos con esta tristeza."

RAQUEL, mamá de Jaim

Una reflexión para compartir ───────────────────

Difícilmente encontraremos a alguien que nos comprenda totalmente, ni nuestra madre ni nuestro padre, ni nuestras amistades ni nuestras hermanas o hermanos, ni siquiera otro padre o madre en duelo, porque ningún vínculo es igual; porque cada hijo y cada hija, además del amor que les profesamos, tienen un significado diferente para cada padre y para cada madre, y ese significado depende de muchos factores que están presentes desde antes de que lleguen a nuestras vidas. Ni el padre ni la madre, aunque sean una pareja con muchos años de estar sólidamente unidos, van a sentirse afectados de la misma manera por la muerte de su hijo.

Esta búsqueda o expectativa de comprensión en el entorno cercano desgastan y lastiman, más de lo que ya están, al padre y a la madre en duelo. La incomprensión que encuentran frustra, enoja e invita a descargar el enojo en las personas cercanas, un hecho que puede convertirse en una manera poco saludable de lidiar con nuestro verdadero motivo de enojo: la muerte de nuestra hija, de nuestro hijo.

De forma adicional, el deseo de comprensión nos lleva a poner fuera de nosotros las expectativas de encontrar alternativas que calmen nuestro dolor, cuando en realidad las más fortalecedoras respuestas realmente vendrán de nuestro interior.

Es más fácil transitar este momento doloroso agradeciendo a las personas su amoroso intento de comprender nuestro dolor. No obstante, de aquellas que se mantienen afectivamente distantes y temerosas a ser contagiadas por tan indeseable mal, o de aquellas que pretenden controlar nuestro dolor (ese dolor que tanto les asusta) con sus indicaciones sobre cómo controlar la emoción, disminuir el dolor o "salir adelante" es mejor no esperar comprensión, como una forma de protegernos de nosotros mismos, y dejarnos sorprender si eso sucede.

Evitar pensar en él o en ella

"Muchas veces, para tratar de estar bien, no me dejaba pensar en él."

JUAN CARLOS, papá de Diego

Una reflexión para compartir ──────────■

Sólo se puede atravesar por una pérdida de tal magnitud implementando mecanismos de sobrevivencia que nos alejen momentáneamente del dolor (por minutos u horas). Ésta es una respuesta de nuestra mente ante un estímulo (emoción) que nos satura y sobrepasa, misma que no somos capaces de mitigar. En este sentido, la evasión de pensamientos y emociones resulta necesaria, como un buzo que sale del mar para tomar oxígeno antes de volver a sumergirse en la difícil realidad.

Preocupación, protección y miedo

"Siempre pensé que, si me tocara vivir una pena así, me iría lejos, sin decirle a nadie, a curar mi pena como un animal herido; pero tuve que hacerlo en medio de mucha gente que estaba alrededor de nosotros, ya que no podía abandonar a mi esposa y a mis hijos."

JUAN CARLOS, papá de Diego

....

"Llegaba a mi casa calmada, para que no me vieran tan mal, sobre todo mis nietos; quería proteger a todos."

LUPITA, mamá de María

....

"Mi principal reacción fue hacerme responsable de la situación, me preocupaban mucho mi hija y mi esposa... Y cuando podía llorar, lloraba."

SANTIAGO, papá de Tomás y Santiago

....

"Tenía miedo y preocupación sobre cómo enfrentar el futuro y sacar adelante a mi esposa e hijos."

MIGUEL, papá de Miguel

....

"¿Cómo rescatar a mi esposa? Ella lloraba todo el día, y yo estaba cerca."

SANTIAGO, papá de Tomás y Santiago

....

"Ha sido muy difícil tratar de sacar adelante a mis hijos, a mi marido y a mí."

GALIA, mamá de Tamara

Una reflexión para compartir ————————————————————■

El control esconde las sensaciones más vulnerables
que residen en el interior.
Elisabeth Kübler-Ross y David Kessler

Esta frase hace referencia a que nuestras preocupaciones se convierten en un intento de control. Ante la impotencia que nos invade, intentamos controlar lo incontrolable: la dolorosa y devastadora posibilidad de que la muerte de un ser tan amado vuelva a suceder.

Pero también nuestras preocupaciones obsesivas encubren sentimientos de miedo, dolor, ira, impotencia y desesperación, siendo más manejable estar a la defensiva ante la vida, cuidando que no nos vuelva a ganar la batalla, que hacer consciente el terrible dolor que la pérdida de esta batalla conlleva.

En otras palabras, resulta preferible estar invadidos de persecutorias y profundamente angustiantes preocupaciones en torno al cuidado de la vida y la recuperación del bienestar de los seres que amamos que hacer frente a la terrible impotencia que conlleva la realidad de la muerte de un hijo.

Sin embargo, afirman Kübler-Ross y Kessler, este control se siente como algo vacío y violento (es un control agresivo), porque cubre sensaciones de profunda vulnerabilidad que habitan en nuestro interior.

Si no me hubiera caído,
no me habría levantado.
Si no me hubiera sentado en la oscuridad,
no habría visto la luz.

Orjot Tzadikim

EL AMOR ES MÁS FUERTE

Al paso del tiempo, hay momentos de tranquilidad y alegría

"Vuelve a haber momentos de alegría y tranquilidad, momentos de éxito y de felicidad… Después de cinco años, aún sigue regresando la sensación de ausencia, y a mi mente vuelve la pregunta: ¿por qué?"

Anuar, papá de Anuar

Una reflexión para compartir ─────────────■

*Con el tiempo encontrarás un puente
que te devuelva al mundo exterior.*
Elisabeth Kübler-Ross

La paciencia todo lo alcanza.
Teresa de Ávila

Aunque en el primer tiempo (probablemente durante el primer año o dos posteriores a la muerte de un hijo) predomine la certeza en nuestro interior de que nunca más se volverán a recobrar la tranquilidad, la paz interior, la alegría y el deseo de vivir, suave y paulatinamente la vida se empezará a iluminar de esperanza.

Ello sucede cuando aprendemos a vivir con la ausencia o a acompañar nuestra existencia sintiendo su presencia, pero sobre todo con su amor; cuando el amor a nuestro hijo nos hace sentirnos más cerca de él o de ella que del dolor por su ausencia, cuando nos permitimos sentirnos fortalecidos por su amorosa presencia en nuestras vidas…

No es fácil lograrlo, pero sucede poco a poco cuando nos permitimos que el amor hacia él, hacia ella, forme parte de nuestro sentido de vida.

Seguirá doliendo su ausencia, seguiremos necesitando su presencia y todo lo que ella implicaba, pero gradualmente tendremos mayor fortaleza interna para enfrentar la vida, con todo lo que ello conlleve.

Al paso de los meses, ¿qué sentimientos y emociones te han acompañado?

_____

_____

_____

_____

_____

_____

_____

_____

_____

_____

_____

_____

_____

_____

_____

_____

3

LO MÁS DIFÍCIL

Encontrar sentido en medio del dolor y la desesperación es como si un dragón con actitud retadora retrajera su cabeza, encendiera sus ojos, escupiera fuego y rugiera: "Te reto a que le encuentres sentido a esto".

JAMES MURIEL

MOMENTOS Y ETAPAS MÁS DIFÍCILES...

"Nada ha sido fácil."

LAILA, mamá de Anuar

"Es como si se hubiera roto en mil pedazos un espejo... ¿Cómo pegarlo?, ¿por dónde empezar? Así están mi alma y mi corazón: rotos en mil pedazos."

LAURA, mamá de Diego

"¡Todos! Su enfermedad, su sufrimiento, su muerte, aprender a estar con él sólo en el sentimiento y en el recuerdo."

GLORIA, mamá de José Gustavo

El saber que iba a morir y no poder hacer nada para evitar su partida

"Yo les rogaba a todos los santos que me la dejaran, que me llevaran a mí pero que ella viviera... Tenía miedo, tristeza, desesperanza y una gran negación, uno siempre espera un milagro... No crees que le esté pasando esto a una de tus hijas, piensas que es una pesadilla y que cuando despiertes todo va a ser normal. Al ver que no es así y que cada día es peor, te llenas de impotencia, de rabia, de tristeza y angustia... Quieres morirte junto con ella y no saber más nada."

LUPITA, mamá de María

"Cuando entendí esa noche en el hospital que mi hijo iba a morir, tuve la sensación de un hueco más grande que cualquier vacío que se pueda sentir… En ese momento me invadió el miedo a no poder soportar ese dolor."

JUAN CARLOS, papá de Diego

Los momentos previos a su muerte

"Las últimas palabras que la escuché decir fueron en el hospital cuando no podía respirar, la iban a entubar y ella me dijo: 'Ayúdame, mamá'. Esas palabras retumban en mi cerebro siempre. No pude hacer nada, eso es muy duro… Todavía puedo escuchar su voz pidiéndome que la ayudara."

LUPITA, mamá de María

Cuando supe que había muerto

"Uno de los momentos más difíciles fue cuando nos avisaron que había muerto."

LUIS, papá de Ian

....

"Cuando lo vi en la calle sin vida, sentí que me moría junto con él."

MÓNICA, mamá de Pierre

....

"De repente me entró una gran desesperación, como si la recámara se hubiera tornado caliente, sin aire y me estuviera ahogando, pero mi esposo me calmó y eso me ayudó para aclarar mi mente… Nos quedaba claro que no correríamos al hospital porque ya habíamos decidido que Milly moriría en casa… Después sentí mucha paz y tranquilidad; no sé cómo describirla, es como un aire que invadió mi cuerpo."

LETY, mamá de José Pablo y Milly

....

"En ese momento entendí que la felicidad completa jamás iba a volver a existir."

JUAN CARLOS, papá de Diego

....

"Estaba en completo estado de *shock*."

MÓNICA, mamá de Pierre

El reconocimiento del cuerpo

"Cuando reconocí el cuerpo."

LETY, mamá de José Pablo y Milly

La autopsia

"Cuando vi a mi hijo sobre la mesa de preparación en la sala para hacerle la autopsia de ley, desnudo, sobre una charola fría color aluminio."

LETY, mamá de José Pablo y Milly

Verlo en el ataúd

"Cuando lo vi en su ataúd."

LETY, mamá de José Pablo y Milly

Avisar a la familia de su fallecimiento

"Fue muy difícil avisarle a la familia, principalmente a mis padres."

LETY, mamá de José Pablo y Milly

....

"Me preocupó mucho el dolor de mi hijo, ¿cómo iba a decirle que su hermanito murió? Fue espantoso verlo llegar con una carita de susto preguntando qué le había pasado a su hermanito; puedo recordar su expresión de dolor cuando le dije lo que había pasado. Lo abracé y lloramos juntos mucho tiempo."

MARCELA, mamá de Chema y Santiago

....

Despedirme de su cuerpo sin vida

"El momento de despedirnos de él ya sin vida."

Luis, papá de Ian

El entierro

"Cuando bajamos su ataúd a la tumba no pude llorar y me quedé inmóvil, alguien me tomó del brazo para acercarme y no pude moverme, me quedé ahí de pie sin llorar, después me dio un ataque de risa... Cuando anocheció le pedí a mi esposo que me llevara de vuelta al cementerio, sentía la necesidad de rascar como un perro para sacar a mi hijo, él se negó y desde ahí empecé a sentir una ansiedad que me mataba, la cual duró varios años."

Lety, mamá de José Pablo y Milly

Decidir qué escribir sobre su lápida

"El tener que decidir qué escribir sobre su lápida fue un momento duro y difícil de asimilar... ¿Cómo era posible que una madre tuviera que decidir qué escribir en la lápida de su hijo? Pero ésa era mi realidad, mi hijo ya no estaba con nosotros y debía escribir en unas cuantas palabras todo lo que él significaba para mí y para mi hija."

Raquel, mamá de Jaim

Tirar las cenizas

"Fue muy doloroso llevar sus cenizas y tirarlas al mar."

Marcela, mamá de Chema y Santiago

Tomar decisiones sobre sus pertenencias

"Es tan difícil saber que tienes que sacar sus cosas."

Raquel, mamá de Jaim

"Quitar sus cosas de su cuarto fueron momentos muy fuertes."

CAROLINA, mamá de Pato

....

"Vaciar su departamento, pues ella estaba divorciada y yo tuve que hacerlo todo."

LUPITA, mamá de María

El primer tiempo después de su partida

"Todas las etapas son difíciles, pero la primera es sin duda devastadora. Es la etapa donde lo ves, donde simplemente no quieres creer que sea realidad su partida... Es cuando cambia en un instante y para siempre tu vida, y ni siquiera te imaginas lo que falta por vivir."

MÓNICA, mamá de Pierre

....

"El primer año es la etapa más difícil por ser la primera vez que se experimenta todo."

CAROLINA, mamá de Pato

....

"Por años fueron muy difíciles los fines de semana, eran insoportables... El viernes a las cinco de la tarde mi mente empezaba a tener diálogos interiores, relatándome todo lo que había ocurrido el día que murió; desde que mi hijo llegó a la casa, el momento en que se despidió de mí, la madrugada cuando me avisaron, cómo había sucedido el accidente, todo lo que hice por encontrarlo y saber qué había pasado, la estancia en el ministerio público, el funeral, el entierro... Así una y otra vez venían a mi mente los recuerdos, los viernes de cada semana."

MARCELA, mamá de Chema y Santiago

El proceso penal y todos los trámites judiciales

"Fueron muy difíciles los primeros meses, porque tuve que enfrentar el proceso penal, estar allí defendiendo a mi hijo y defendiéndome a mí misma... Fue muy difícil tener que hacer todo esto a pesar del enorme dolor y la pena inmensa... Todo lo que sucedió en ese tiempo fue devastador...

"Fue terrible el día que recibí la sentencia final, y terrible el día que tuve que ir por el cheque de la reparación del daño... Fue muy fuerte todo aquello.

"Después de esos ocho meses que estuve metida completamente en el proceso penal, una vez que éste terminó me entregaron la sentencia y me di cuenta de la realidad, de todo lo que había pasado y todo el tremendo dolor que sentía... Ese día regresé a casa con la firme decisión de quitarme la vida ese fin de semana; no recibí a nadie, no contesté ni el teléfono ni el celular, sólo tenía eso en mente: quitarme la vida.

"Al siguiente día llegó una amiga muy querida, que sin saber lo que estaba pasando por mi mente vino a estar conmigo por horas, a acompañarme y a abrazarme mientras yo lloraba... Al día siguiente de su visita yo empecé a postergar la decisión de dejar de vivir y tomé la de buscar ayuda, porque yo sola no iba a poder salir adelante."

MARCELA, mamá de Chema y Santiago

El deseo de morir y la oportunidad que éste ofrece para dejar de sufrir

"Cuando enfermé del hígado (encefalitis hepática) me alisté para morir, no me dolía por mí, sino por mi esposo, porque se quedaría totalmente solo (mi segunda hija tenía un año de haber fallecido). El pensar en ello me ayudó a luchar para salir adelante... Reflexioné y fue ahí donde me di cuenta de que mi esposo y yo nos teníamos a nosotros mismos nada más... Verlo a él procurarme cuidados me hizo recordar que así comenzamos nuestra relación hace casi 30 años, los dos solos, momento en que nos prometimos cuidarnos y amarnos tanto en momentos de felicidad como en los de adversidad."

LETY, mamá de José Pablo y Milly

Una reflexión para compartir ———————————————■

Sin duda son momentos muy difíciles, extremadamente dolorosos y desordenados (te sientes enloquecer) que enmarcan el principio de un largo y muy difícil tiempo que debemos enfrentar día tras día.

De la forma en que haya sucedido la muerte, de lo preparados que estábamos o no, de lo inesperado, de las condiciones en las que se dio ésta, etcétera, dependerá cuán complicado será elaborar el duelo (mismo que *per se* resultará doloroso y difícil de superar); es decir, cuánto dolor adicional habrá qué superar.

Esto es, aun si fue una muerte esperada, aun si el final fue dulce y suave, aun si la muerte acabó con el dolor de nuestro hija o hijo, a lo largo del proceso de duelo, sobre todo en los primeros momentos, nos tocará vivir experiencias emocionalmente devastadoras, las cuales rebasarán sin duda nuestros recursos de enfrentamiento. Probablemente las circunstancias en momentos nos obligarán a actuar como si estuviéramos "fuertes", cuando por dentro nos estamos desmoronando, pero tarde o temprano esta actitud necesaria para enfrentar tan duros momentos se resquebrajará y nos quedaremos a merced de nuestro dolor, impotencia, indefensión y desesperación.

En estos momentos se vivirán sensaciones que nos harán pensar que estamos enloqueciendo: nos sentiremos confundidos, con ideas poco claras, como si no estuviéramos viviendo ese momento (como si lo viéramos detrás de una vitrina), la memoria nos fallará (hasta en las cosas cotidianas más sencillas), tendremos una pobre concentración, pensamientos obsesivos en torno a momentos muy dolorosos o de gran conmoción, imágenes invasivas y recurrentes que nos generaron gran impacto, presión en el pecho, falta de apetito, ganas constantes de llorar, sensación de gran angustia y de poco control de las emociones, o una sensación como de estar anestesiado emocionalmente, así como miedo, irritabilidad con descargas de tensión llenas de enojo y una importante sensación de indefensión y vulnerabilidad.

Todo lo anterior es resultado del gran impacto psíquico que la muerte de un hijo genera. Así es como nuestro cerebro (órgano que también controla las emociones) manifiesta su profundo dolor.

Ante tal condición, de tanto dolor y tan poca energía, trata tan sólo de hacer lo que puedas, no te exijas más de lo que seas capaz en esos momentos, no tomes decisiones importantes, escúchate a ti mismo, a ti misma, sé muy congruente con tu sentir y, sobre todo, déjate ayudar por la gente que te quiere, que te comprende, que no te exige y que te hace sentir seguro y protegido, protegida. Tan sólo verbalizar lo que uno siente frente una persona que nos hace sentir contenidos, ponerle palabras a las sensaciones, puede resultar estructurante, pues nos ayuda a organizar paulatinamente nuestro mundo interior.

Al respecto, afirma Payàs: "Los pensamientos más negros son los que se ocultan en el corazón, donde se hacen más grandes"; y en efecto así es, por lo que hablar sobre lo que vivimos, sentimos, pensamos, imaginamos o deseamos (por más lindo o terrible que sea) una y otra vez, tanto como lo necesitemos, ayuda a que, continúa Payàs, "su intensidad se reduzca y el daño que provocan también". Además, esto nos ayuda a aceptar gradualmente lo vivido, y de la misma manera nos fortalece.

Para enfrentar este proceso no existen manuales, cada vivencia es única, no hay decisiones correctas o incorrectas. Un padre y una madre ante esta situación hacen lo que pueden para sobrevivir al naufragio. Puede ser que en un principio hasta el deseo de sobrevivir esté colapsado, pero poco a poco emergerá el deseo de vivir, aunque de momento nos aterre no saber el cómo.

De esta manera gradual, lentamente, nos fortaleceremos por dentro, y ello nos hará cada vez más capaces de enfrentar los diferentes hechos y situaciones que este proceso plantea; y parte de lo que nos ayuda a fortalecernos internamente es la riqueza de nuestro entorno: personas amorosas, comprensivas, capaces de estar para nosotros cuando más las necesitamos, capaces de escuchar y contenernos, así como de acompañarnos y soportarnos (servirnos de soporte), es decir, personas con quien contar; no hasta dos ni hasta diez, sino contar con ellas, como diría Mario Benedetti.

Los pensamientos más oscuros
son los que se ocultan en el corazón,
donde se hacen más grandes.

ALBA PAYÀS

👉 *Y para ti, ¿cuáles fueron los momentos o las etapas más difíciles?*

_____

_____

_____

_____

_____

_____

_____

_____

_____

_____

_____

_____

_____

_____

_____

_____

_____

_____

LO QUE SIGUE SIENDO DIFÍCIL

Es un proceso que no termina, cambia, vas enfrentando y adaptando, reinventando la vida y reinventándote.

GLORIA, mamá de José Gustavo

Aceptar su partida y que nunca más volverá

"Lo más difícil ha sido aceptar que murió… No podía creer que eso nos hubiera pasado a nosotros."

MIGUEL, papá de Miguel

. . . .

"Saber que ya no lo veré más… Después de pasado el primer momento de sorpresa, lo más difícil ha sido la aceptación de su muerte."

PALOMA, mamá de Álvaro

. . . .

"No podía superar saber que mi hijo ya no iba a estar conmigo, y por eso me refugié en el alcohol… Tardé casi 15 años en aceptarlo."

JOSÉ LUIS, papá de José Pablo y Milly

. . . .

"La aceptación de su partida, y es que nadie nos enseña a lidiar con la muerte; mi única salida fue hacer cosas para mantener vivo su recuerdo, ya que en ocasiones no me reconocía viviendo sin él… Era como si él se hubiera llevado mi aire."

IVONNE, mamá de Mau

. . . .

"No puedo aceptar aún que ella no esté conmigo, veo tantas cosas a mi alrededor, como personas que sólo hacen daño y siguen felices. ¿Por qué las personas buenas se tienen que ir? Ha sido muy difícil reconocer que ella ya no está y que ya no la podré ver ni abrazar ni escuchar más su voz."

LUPITA, mamá de María

....

"El saber que tu hijo no volverá más… Saber que su cuarto, su ropa, sus libros, sus fotos, sus cartas, sus recuerdos, todo sigue ahí y él no va a regresar a usarlo nunca más… Es inmensamente doloroso."

RAQUEL, mamá de Jaim

Una reflexión para compartir ───────────────■

La aceptación no es necesariamente encontrar la paz. A decir de Kübler-Ross y Kessler, la aceptación muchas veces es un viaje mucho más largo de lo que uno hubiera imaginado. Parafraseando a los autores, aceptar es reconocer que las cosas han cambiado para siempre y que debemos adaptarnos a esta nueva realidad, ser consciente de todo lo que hemos perdido y reconocer que necesitamos trabajar para aprender a vivir con dicha pérdida; finalmente, es algo que debemos hacer poco a poco, y con dificultad, pues implica aprender a vivir en un mundo en el que falta nuestro ser querido.

La aceptación es un proceso en el que paso a paso nos descubriremos teniendo cada día más momentos buenos que malos y días menos difíciles, y ello no significa que estemos olvidando, remplazando o traicionando a nuestro hijo o hija, sino aprendiendo a vivir con su dolorosa ausencia. De forma gradual, cada uno a su ritmo, el proceso de aceptación nos va a llevar a encontrar un poco de paz frente a tan dolorosa realidad, afirman Kübler-Ross y Kessler.

Cuando aceptamos que dejar ir no es olvidarlos, descubrimos que ellos y ellas viajan con nosotros como compañeros, como maestros, como una presencia permanente cuando los recordamos, cuando rememoramos su melodía, su historia, su sonrisa, como ha dicho Marcelo Rittner en *Aprendiendo a decir adiós*.

El duelo y la aceptación de la pérdida requieren de paciencia.

Aprender a vivir con su ausencia

"Lo que más trabajo me cuesta es vivir con su ausencia, extrañar su presencia."

RAQUEL, mamá de Jaim

....

"Cada paso dado sin nuestro hijo es tan difícil... Es muy difícil para los tres acoplarnos a nuestro presente."

ANUAR, papá de Anuar

....

"La situación más difícil ha sido, sin lugar a duda, aprender a vivir sin él, continuar en un mundo que forjaste para y por tus hijos, y ahora tienes que adaptar su ausencia a la nueva realidad... Las esperanzas sembradas se convierten en un nunca con respecto a él."

LAILA, mamá de Anuar

....

"Me ha costado mucho trabajo acostumbrarme a la ausencia física. Extraño sus abrazos, sus bromas y esa complicidad que teníamos."

LAURA, mamá de Diego

....

"Nunca más volver a tenerlo... Se nos crea un vacío imposible de llenar... Necesitamos aprender a vivir con el hueco en nuestra vida o lo que queda de ésta... Seguir es muy difícil, mucho más de lo que pueda uno imaginarse... Ahora me cuesta mucho vivir con lo que nos queda... Quizá por la poca aceptación ante la pérdida, por el terror a lo que vendrá, por el miedo y el vacío que de un instante al otro te rodean."

ANUAR, papá de Anuar

....

"Cada día puedo recordarlo un poco más sin sentir que me voy a desmoronar en ese momento, y eso sólo lo logro con el convencimiento de que mi hijo está en mí y de que yo estoy en él, esté donde esté, y de que eso siempre va a ser así."

JUAN CARLOS, papá de Diego

Una reflexión para compartir

Afirma Muriel James, en el prefacio del libro de Elizabeth Lukas titulado *También tu sufrimiento tiene sentido,* respecto a la frase de Viktor Frankl: "Afrontar el destino sin acobardarme". En ocasiones esto requiere que actuemos "como si" nos sintiéramos fuertes y confiados, cuando de hecho somos débiles e inadecuados.

James afirma que encontrar sentido en medio del dolor y la desesperación requiere de mucho valor, pero actuar con valor no es lo mismo que sentirse confiado, ya que una persona valerosa puede sentir un miedo que le cale hasta los huesos.

En consecuencia, el valor de una persona (porque ser valeroso lo hace a uno ser un ser humano más valioso) tiene que ver con el hecho de que, a pesar del profundo dolor y vacío con el que nos deja la pérdida, podamos tener voluntad para encontrar un por qué y un para qué seguir adelante. Por supuesto que la voluntad es una disposición favorable que depende de la energía corporal y psíquica (las cuales van de la mano) para ponerse en práctica, y al principio del proceso del duelo y durante muchos meses ésta es muy poca, pero conforme nuestra disposición aumenta, la voluntad encuentra caminos para hacer frente al dolor y a la vida, atreviéndonos poco a poco a llenar nuevamente nuestra existencia de sentido. Ello no es fácil, requiere de mucho esfuerzo, de intentos y recaídas; tampoco se logra rápidamente, pero con voluntad y amor se encuentran los cómo.

Sobre esto, Friedrich Nietzsche escribió:

Quien tiene un por qué *vivir es capaz de encontrar cualquier* cómo *vivir.*

El sufrimiento de mi familia

"Ver sufrir a tu esposa y a tus hijos es muy doloroso y difícil de manejar, sobre todo si apenas puedes con tu propio dolor; pero tienes que estar ahí para ellos, al igual que ellos están ahí para ti cuando caes en esos momentos de incontrolable dolor."

JUAN CARLOS, papá de Diego

....

"¿Cómo rescatar a mi esposa? Ella lloraba todo el día, y yo estaba cerca."

SANTIAGO, papá de Tomás y Santiago

....

"Fue muy difícil ver a mis otros dos hijos llorar y sufrir profundamente, y no poder quitarles ese dolor."

MÓNICA, mamá de Pierre

....

"Mi hijo se ha mantenido distante durante este tiempo… Él buscó distracción y distanciamiento ante la pena, lo cual me ha dolido. Hemos hablado con él en varias ocasiones. La situación nos genera tristeza, frustración y enojo, a pesar de entender su actitud, pero sé que a pesar de las diferencias compartimos el dolor como nadie."

JUAN CARLOS, papá de Diego

....

"Ver y escuchar a nuestra hija con esa profunda añoranza de lo que sería su vida si viviera su hermano nos provoca una gran impotencia."

LAILA, mamá de Anuar

....

"Entender que todos habíamos perdido a alguien diferente: ellos perdieron a un hermano y yo a un hijo. Entender que yo no tenía idea de lo que esa pérdida significaba para ellos, así como ellos tampoco tenían idea de lo que significaba para mí; finalmente, entender que cada uno guarda sentimientos diferentes y que cada uno tiene tiempos y formas distintas para expresar su dolor... Entender todo ello no fue nada fácil, pero el proceso más difícil fue respetar el dolor de cada uno, y las formas de expresarlo y vivirlo."

IVONNE, mamá de Mau

....

"Ha sido muy difícil tener que estar con mi nieto; estaba muy chiquito y sufrió mucho por verla en ese estado."

LUPITA, mamá de María

....

"Es diferente el impacto que la muerte de mi hijo ha tenido en cada uno de los miembros de mi familia... Mi posición ha sido la de inspirar fortaleza y enseñar con hechos cómo encontrarle sentido a la vida."

MIGUEL, papá de Miguel

Una reflexión para compartir ——————————

Ojalá pudiéramos proteger a nuestros hijos de la muerte, ojalá pudiéramos proteger a nuestra familia del dolor, ojalá pudiéramos tener total control sobre ello, pero no es así; y menos cuando estamos tan debilitados (vulnerables y vulnerados por lo vivido), son momentos en los que no somos capaces ni de protegernos a nosotros mismos, a nosotras mismas.

Tenemos que aceptar que no podemos controlar todo lo que desearíamos controlar (la salud, el bienestar emocional, la realización, la vida misma de los que amamos).

Tenemos que perdonarnos por no tener las suficientes herramientas para calmar su dolor, porque ni siquiera tenemos las que necesitamos para calmar el nuestro; sólo así, perdonándonos, podremos fluir, poniendo la poca energía que tenemos (porque el duelo nos tiene debilitados) al servicio del amor; porque el amor, de forma sutil y en ocasiones imperceptible, siempre alivia, calma, reconforta y fortalece el alma.

———

Y en este contexto de amor,
estaré a tu lado acompañándote, y permitiré que me acompañes;
caminaremos juntos, compartiendo el dolor y el amor;
el amor por el que ha partido, y el amor por los que nos quedamos.
Permitiré que mi amor, como brisa suave, llegue a ti
y te ayude, con su maravilloso poder curativo, a sanar tus heridas,
y me permitiré recibir el bálsamo de tu amor, el cual me ayudará poco a poco,
de la misma manera, a sanar las mías.

ANÓNIMO

———

Enfrentar fechas especiales y días significativos

"Hay momentos en que los recuerdos son más fuertes, sobre todo las fechas especiales."

GALIA, mamá de Tamara

· ·

"Son difíciles Rosh Hashana y Yom Kipur (Año Nuevo y el Día del Perdón), y todas las fiestas en donde la falta, la ausencia de mi hijo es inmensa y muy dolorosa. En esos días he llorado mucho."

RAQUEL, mamá de Jaim

· ·

"Ya nada ha vuelto a ser lo mismo: Navidad, cumpleaños, Día de las Madres… Hago todo, pero sin ilusión… Me dan lo mismo."

LUPITA, mamá de María

Aprender a vivir con el dolor

"Lo más difícil es aprender a vivir con el dolor y saber que esa sensación nunca se va a quitar, así como entender que el sufrimiento es opcional. Es ahí donde decido asumir con dignidad lo que me tocó vivir."

IVONNE, mamá de Mau

Una reflexión para compartir ━━━━━━━━━━━━━━■

No nos damos cuenta de cuántos días significativos tenemos a lo largo de un año hasta que muere un ser amado, cuya ausencia transforma esas fechas especiales en días tristes, no deseados y difíciles de enfrentar por mucho tiempo.

Hay fechas que son personal e intrafamiliarmente muy significativas, sobre las que se pueden tomar decisiones con mayor facilidad, que nos ayuden a enfrentarlas de la mejor manera (nuestro cumpleaños, el de nuestro hijo o nuestra hija fallecidos o el de sus hermanos y hermanas, etc.); aunque, si no hay una adecuada comunicación familiar, se corre el riesgo de que esas decisiones lastimen a algún miembro de la familia o generen tensiones que complejicen ese día de por sí ya difícil.

Así mismo, hay celebraciones que, aunque tengan un carácter privado, son públicas y significativas para la gente en general, y están cargadas de una expectativa social (y comercial) que muchas veces no respeta ni da tregua ante nuestro dolor.

Hacer frente a esas fechas requiere de una gran capacidad de comprensión mutua para lograr acuerdos que permitan a toda la familia salir lo menos lastimados o lo más fortalecidos posible de dichos días oscuros.

Poco a poco serán menos oscuros y tristes, pero siempre tendrán un matiz gris por más coloridos que puedan parecer. Esas luces grises que matizan nuestra vida a partir de la pérdida se convertirán algún día en un rasgo distintivo de nuestra forma de ser y actuar, y hasta pueden llegar a convertirse en un atributo que nos distinga, que nos haga más sólidos y congruentes, más sensibles y empáticos, más valiosos y admirables (un reconocimiento otorgado como resultado de la forma con la que portamos la tristeza y el dolor por la pérdida).

•◦ Y para ti, ¿cuáles han sido las situaciones más difíciles?

_____

_____

_____

_____

_____

_____

_____

_____

_____

_____

_____

_____

_____

_____

_____

_____

_____

_____

_____

_____

LA EMOCIÓN MÁS DIFÍCIL DE MANEJAR

"Esto es una montaña rusa. Nunca sé cómo voy a amanecer, pero aquí sigo luchando para estar cada día mejor. Son tantos los sentimientos y las emociones, y tan difíciles de manejar…"

LAURA, mamá de Diego

"Es un golpe terrible, son un cúmulo de emociones y no sé cuál es peor."

GALIA, mamá de Tamara

El dolor

"La emoción que más me costó y me sigue costando manejar es definitivamente el dolor. En un inicio era imposible no dejarlo salir. Hoy llego a manejarlo, pero está siempre latente."

JUAN CARLOS, papá de Diego

"Vivir con este dolor requiere de un gran esfuerzo para poder seguir adelante cada día."

MÓNICA, mamá de Pierre

"¿Hasta cuándo sentiré tanto dolor?"

RAQUEL, mamá de Jaim

"Trato de salir y distraerme, pero he notado que si hago por muchos días el esfuerzo de estar bien, bloqueando los pensamientos relacionados con la muerte de mi hijo, viene el *Día del Horror* con mucha fuerza: la espalda me duele, lloro mucho, no salgo de casa, estoy muy desanimada y triste. Esos días siempre regresan; a veces tardan más en venir, pero cuando vuelven me doblan de dolor."

LAURA, mamá de Diego

....

"Desde el principio y por mucho tiempo, el dolor fue el sentimiento más difícil de manejar. Era un dolor muy profundo, tanto emocional como físico; me dolía el alma, pero también me dolía físicamente todo el cuerpo (especialmente el corazón y el estómago)… El dolor me provocaba llorar por horas, sin poder parar… Era tanto el dolor que sentía que a veces me daban ganas de arrancarme la piel deseando que con ella se fuera un poco de éste… También me daban ganas de golpear mi cabeza fuertemente… Era como si prefiriera el dolor físico que el emocional, lo podía tolerar más… Ahora sigo sintiendo mucho dolor, pero ya no es igual de intenso; es muy diferente, es como un dolor muy amoroso, muy interno. No me incapacita ni me detiene, sólo está en mí, acompañándome permanentemente."

MARCELA, mamá de Chema y Santiago

La impotencia

"Impotencia, porque no podía hacer nada al respecto."

CAROLINA, mamá de Pato

La angustia y la desesperación

"Desesperación por no poder entender lo que estaba pasado."

PALOMA, mamá de Álvaro

....

"La angustia y la desesperación fue lo que más trabajo me costó manejar... Cuando la angustia se apoderaba de mí, me faltaba la respiración, no entendía nada, quería huir, gritar y llorar al mismo tiempo... Me despertaba a media noche angustiada y la espantosa realidad se apoderaba de mí, entraba en pánico, me llenaba de sudor y casi no podía respirar."

RAQUEL, mamá de Jaim

....

"Es inhumano y frustrante saber que nunca más en la vida vas a volver a abrazar a tu hijo."

MÓNICA, mamá de Pierre

Enojo

"Uno de los sentimientos más difíciles de superar fue el enojo."

SANTIAGO, papá de Tomás y Santiago

....

"¿Por qué me había pasado esto a mí? Se había muerto mi pequeño hijo y me quedaba viva una nena de tres años con parálisis cerebral; era algo ilógico... Al cabo de los días regresé al trabajo, pero de malas, muy enojada. Estaba enojada con todos y con todo."

LETY, mamá de José Pablo y Milly

....

"Sobre todo estaba enojada con Dios, él me había quitado lo más preciado que tenía."

IVONNE, mamá de Mau

Depresión y tristeza

"La emoción más difícil de manejar fue la tristeza por su ausencia."

GALIA, mamá de Tamara

....

"La tristeza es un dolor tan grande e inexplicable que te enferma físicamente."

MÓNICA, mamá de Pierre

....

"La impotencia, la soledad, la desolación y muchas otras emociones las he podido manejar con ayuda profesional y con la de mis grupos de autoayuda; pero la tristeza profunda es de las emociones que parece que llegaron para quedarse."

LAURA, mamá de Diego

....

"Me pesan mucho los recuerdos de nuestra vida juntos, el pensar qué sería de él hoy y ciertos momentos o situaciones disparan señales que me ocasionan un llanto profundo y una gran tristeza."

MIGUEL, papá de Miguel

....

"No sabía para qué vivía sin mi hijo, extrañaba su vocecita, su risa, abrazaba su ropa, me sentía enloquecer, no podía ni siquiera voltear a mirar sus juguetes y mucho menos la bicicleta, me sentía profundamente triste... Despertaba a media noche gritando, me levantaba desesperada y mi esposo me consolaba. Había veces que se me dormía medio cuerpo o la mitad de la cara; no comía, no me quería bañar, no podía ni hacerme cargo de mi hija... Tuvimos que consultar a un psiquiatra."

LETY, mamá de José Pablo y Milly

....

"La tristeza y la depresión me invadieron y perdí completamente el sentido de vida... No quería vivir más, no tenía para qué estar. Cuando estaba en el Servicio Médico Forense, esperando su cuerpo, decidí que yo también me iba a morir; sin embargo, y a pesar de haber pensado en toda clase de posibilidades para quitarme la vida, no pude llevarlo a cabo porque sé que a él no le hubiera gustado que yo lo hiciera, y hacerlo me hubiera hecho sentir muy avergonzada con él. A pesar de la motivación que hubiera podido tener, tampoco quería causar más dolor a mis hermanos."

MARCELA, mamá de Chema y Santiago

Vacío

"Cuántas veces reniego, rezo, pienso, envidio, planeo… todo alrededor del mismo vacío."

ANUAR, papá de Anuar

Abandono

"No sé qué nombre ponerle, pero fue una especie de soledad. Me sentía muy mal cuando mi esposo se iba a trabajar después del fallecimiento de mi hija, ya que el vínculo que se crea con un hijo con discapacidad es muy fuerte, y a pesar de que me preparé y trabajé la desvinculación desde antes de su muerte, me sentía abandonada; tuve que agarrarme de la terapia para entender que dejaba de ser madre, pero ahora era yo y me tenía a mí misma y a mi esposo… Creo que lo llamaría abandono."

LETY, mamá de José Pablo y Milly

Añoranza

"El sentimiento que ha sido más difícil de superar es la tremenda añoranza de lo que hubiera sido nuestra familia si él viviera, y la profunda nostalgia de lo que ya no puede ser."

LAILA, mamá de Anuar

· ·

"Ya no recibir sus llamadas semanales para saludarnos y contarnos algo de su vida ha sido difícil, su ausencia ya había sido larga y esperábamos que pronto regresara para al final volver a estar cerca físicamente como una familia."

LUIS, papá de Ian

Una reflexión para compartir ■

La experiencia del hombre que halla el camino de vuelta a casa se ve coronada, después de todo lo sufrido, por el magnífico sentimiento de no tener en el mundo nada más que temer... excepto a Dios.
VIKTOR E. FRANKL, tras ser liberado
del campo de concentración

Cuando enfrentas la muerte de un hijo comienzas un doloroso viaje sin perspectiva de consuelo que parece no tener fin. Estamos perdidos en el mapa, sin saber adónde dirigirnos, y aunque haya personas gentiles y empáticas que quieren apoyarnos, nos dice Elisabeth Lukas, "cuando no hay lugar para el consuelo, sobra cualquier palabra".

En *Aprendiendo a decir adiós,* Marcelo Rittner nos recuerda que habrá días más difíciles, momentos, personas, espacios, circunstancias en donde sientas que el dolor y la añoranza nos ahogan. En esos momentos nos invade la angustia y desesperación, hasta la oscura desesperanza, y queremos darnos por vencidos. Es claro que estamos lastimados, pero podemos hacernos aún más daño.

Es importante reconocer que es el profundo amor por *ese alguien* el que ha anclado ese dolor en lo más recóndito del corazón; pero el amor siempre logra sobreponerse y reinar sobre el dolor. El tiempo pasa, los afectos cambian, las emociones se difuminan, pero el amor puro y verdadero permanece intacto, con la misma intensidad, ya que nada, ni el tiempo ni las circunstancias, lo debilita; se mantiene íntegro, inamovible, palpitando con una fuerza inquebrantable desde lo más hondo de nuestro ser. Este intenso amor logra, con el tiempo, sobrepasar al dolor, erigiéndose como la emoción suprema que emana de nuestro corazón cuando nuestra mente evoca el recuerdo de nuestro hijo amado.

Pero en ocasiones vas a sentir que recaes cuando la desesperación, la rabia, la tristeza y la angustia parecen volver a ahogarte (probablemente por menos tiempo que antes, de forma menos intensa; o encontrarás alternativas de recuperación que hagan un poco más fácil soportarlas). Estas respuestas emocionales sorpresivas (o no tan sorpresivas) e intensas, que aparecen cuando creías tener un poco más de control emocional son naturales y están relacionadas con el paulatino proceso de adaptación a esta nueva forma de estar con el ser amado, un proceso que nunca hubieras deseado vivir, pero que debes enfrentar.

En este sentido, nos dice Alba Payàs: "¡Tienes derecho a estar mal, a sentirte deprimido, triste, melancólico! Has perdido algo muy preciado en tu vida".

Hay momentos en que las múltiples distracciones del día nos mantendrán protegidos del dolor, o bien lo sentiremos con una intensidad menor. Pero habrá otros, cuando nuestra actividad baje, cuando nos encontremos solos, en que la emoción se intensificará. En estos momentos lo que toca es permitirnos vivir esas emociones, pero hazlo de manera protegida; es decir, no debemos aislarnos demasiado ni exponernos a lastimar o ser lastimados proyectando nuestra rabia. Para evitar estos riesgos, es mejor buscar personas con las que podamos hablar de lo que sentimos sin ser juzgados y compartirles nuestro sentir. Pero, sobre todo, debemos ser justos y compasivos con nosotros mismos.

Poco a poco podremos vivir el recuerdo de nuestra hija amada, de nuestro hijo amado, como un maravilloso momento de unión espiritual con él o ella a través de la remembranza amorosa, aunque por momentos más o menos dolorosa.

Cada momento de dolor por su ausencia física es una forma de hacer un homenaje al amor que sentimos por ese ser tan especial, pero paulatinamente nos daremos cuenta de que hay formas menos duras para con nosotros mismos y más nítidas de hacer homenajes al amor… Y la mejor forma de hacer homenajes al amor es con actos de amor.

La culpa

"En la funeraria me parecía que escuchaba cuchicheos en contra mía, algo así como: 'Fue culpa de ella'; 'Si ella no lo hubiera descuidado, no se hubiera muerto'; 'Mírenla, está como si nada'... ¡Pensé que enloquecería! Me sentía tan culpable que pensaba que los vecinos me señalarían diciendo que soy una mala madre, inconsciente e irresponsable, que por mi culpa se murió."

LETY, mamá de José Pablo y Milly

....

"El sentimiento más difícil de superar fue el de culpa, porque yo sentía que, por haber estudiado hasta el cuarto semestre de la carrera de medicina, debía haberme percatado de que mi hijo, al ser mordido por un perro, debía ser vacunado contra la hidrofobia de inmediato."

JOSÉ LUIS, papá de José Pablo y Milly

Una reflexión para compartir ─────────────■

En tu retrospectiva perfecta destacan muchas cosas que habrías hecho de manera diferente, pero todos los sucesos requieren de muchos factores convergentes para producirse, ya sea una enfermedad, un accidente o cualquier otro suceso que haya desencadenado su muerte.

Tú puedes decidir ver el pasado con severidad, juzgando con dureza todo aquello que hiciste "mal"; pero la triste realidad es que, a pesar de todos los esfuerzos, todos morimos algún día, normalmente antes de lo que nos gustaría.

Las cosas malas también suceden, por más que deseemos evitarlas. Los sucesos trágicos suceden con más frecuencia de lo que nos gustaría y nadie sabe con certeza por qué uno muere y otro sobrevive. No podemos controlar todas las situaciones, y creer que podemos es un acto de arrogancia.

Kübler-Ross y Kessler reflexionan sobre ello en *Sobre el duelo y el dolor*. Afirman que los constantes autorreproches por haber perdido el control sobre aquello que pensamos que debíamos tenerlo, la vida del otro, y el sentimiento de culpa que de ello deviene obnubilan el pensamiento, no permiten ver de forma clara lo sucedido, nos atormentan y nos mantienen en un permanente estado de angustia que incrementa nuestro padecer. Pareciera, entonces, que el sentido último de la culpa es ser un instrumento de tortura adicional, una forma eficaz y profundamente lacerante de tortura autoinfringida que incluso nos puede llevar a la locura.

Lo anterior nos lleva a preguntarnos: ¿por qué permitimos sentir más dolor del que esta gran pérdida ya nos genera? Hay muchas explicaciones al respecto, aquí sólo mencionaremos dos:

- Estar con vida cuando nuestro hijo ya no lo está. Vivir (con todo lo que ello conlleva: comer, dormir, descansar, convivir, sentir el aire, el sol, escuchar una linda melodía o el canto de los pájaros, etcétera) cuando tu hijo ha muerto se vive como un acto de traición, por lo que sólo es posible hacerlo con un gran dolor. Es decir, esta importante cantidad de dolor adicional de la culpa sirve como un permiso para vivir... Vivir sin vivir.
- La tormentosa sensación de culpa y los abrumadores pensamientos repetitivos que nos dejan agotados también nos distraen de la realidad, nos evitan hacerle frente, porque es más fácil preguntarnos por qué nuestros hijos o nuestras hijas ya no están con nosotros que enfrentar el hecho de que se han ido para siempre.

Dichas ideas repetitivas presentes en la culpa sólo focalizan nuestros pensamientos hacia una parte de la realidad. Es verdad que su cuerpo no estará más aquí, pero sí permanece y permanecerá el intenso amor que nos une a ese hijo, a esa hija, algo que la culpa no nos deja sentir plenamente.

La culpa es un sentimiento normal e inevitable, cuya presencia también nos da cuenta del profundo amor que se tiene por ese ser; pero el mismo dolor que prevalece, atormenta y obnubila, como un ruido continuo y permanente, no nos deja disfrutar de dicho amor.

Es necesario darnos permiso de soltar la culpa, es saludable trabajar para que ésta vaya disminuyendo. Es un acto de justicia y de salud que habla de aprender a vivir el doloroso duelo en un contexto de amor al otro, pero también de amor y compasión hacia nosotras mismas, hacia nosotros mismos.

En este sentido, la culpa va desapareciendo suavemente del escenario si cada vez que nos reconocemos atrapados en pensamientos rumiadores y tortuosos derivados de ella, nos volteamos a ver a nosotros mismos con compasión, y nos decimos: "Mi capacidad de control es y fue limitada; pero mi amor por ti no lo es, así que viviré amándote intensamente cada día, como desde el primer momento".

No es luchando con los pensamientos culposos como logramos desvanecerlos, sino incorporando, desde el momento en que nos invaden, sentimientos de amor a uno mismo, de perdón por nuestros errores y limitaciones, de autocomprensión.

Adaptándome a la realidad

"Hoy en día, ninguna emoción es muy difícil de manejar. He pasado por el proceso de duelo con apoyo de terapia y de mi casa; he sufrido a solas, acompañada por mi esposo y de una gran amiga. He trabajado mis emociones y mi realidad. Hoy me he adaptado a la vida sin ellos. Su recuerdo no me lacera, al contrario, me hace ver y preguntarme quién soy ahora, qué quiero hacer... Hoy tengo un sentido de realidad y de vida, tengo un proyecto a nivel personal que nada más me pertenece a mí, y en mí está llevarlo a cabo; también tengo muchos proyectos con mi esposo, además del deseo de ayudar a otras personas con nuestro testimonio, viajar, divertirnos, y finalmente estar en un entorno tranquilo, en paz, cordial y amoroso hasta nuestra vejez, si es que llegamos."

LETY, mamá de José Pablo y Milly

Una reflexión para compartir ———————

Poco a poco lograremos, si trabajamos en ello (solos si nos es posible, o bien acompañados de un especialista), que en nuestros recuerdos cotidianos, en nuestro habitual contacto emocional y pensamiento con nuestro hijo o hija amada, no prevalezcan el dolor, la angustia, la culpa, la tristeza, la nostalgia…

Algunos recuerdos y pensamientos podrán evocar dichos sentimientos, pero sin invadir el momento, sin sentir que nos ahogamos en ese sentimiento; porque pese al dolor que pueda aparecer, en nuestro interior prevalecerán la serenidad, la paz y el amor (al otro y a uno mismo).

➥ *Y para ti, ¿cuál ha sido la emoción más difícil de manejar?*

4

DE REPENTE, TODO CAMBIA

Son tantas las cosas que cambian con la muerte de un hijo…

LAURA, mamá de Diego

···

Toda tu vida cambia en todos los aspectos.

GALIA, mamá de Tamara

···

Todo lo veo y siento diferente, nada es igual en nada para mí.

ANUAR, papá de Anuar

Cambia lo superficial,
cambia también lo profundo,
cambia el modo de pensar,
cambia todo en este mundo...
Cambia, todo cambia,
cambia, todo cambia...
Pero no cambia mi amor,
por más lejos que me encuentre,
ni el recuerdo ni el dolor...
Pero no cambia mi amor...
Cambia, cambia, todo cambia.

JULIO NUMHAUSER

CAMBIOS EN LA VIDA FAMILIAR

· ·

"La dinámica familiar se alteró en muchos aspectos."

LAILA, mamá de Anuar

· ·

"Nos hace tanta falta… Ha sido difícil reacomodarse sin él."

CAROLINA, mamá de Pato

· ·

"Regresas a casa y tu hijo ya no está ni estará nunca más… El hogar que tenías antes cambió para siempre."

MÓNICA, mamá de Pierre

· ·

"Es devastador, toda la familia se cimbra. Pero si logras, a pesar de lo sucedido, construir un nuevo equilibrio, la familia se fortalece."

GLORIA, mamá de José Gustavo

Generó un gran sufrimiento familiar

"Sufrimos mucho en la familia, todos hemos llorado la muerte de mi hijo, nos afecta tanto su ausencia…"

LAURA, mamá de Diego

· ·

155

"Ya nunca nada será igual, la dinámica familiar es otra, la ausencia de mi hijo está presente a cada instante."

MÓNICA, mamá de Pierre

....

"Entender la vida como es ahora nos cuesta mucho trabajo… El sabernos sin su presencia, sin el empuje, sin la alegría, nos resulta sumamente difícil."

ANUAR, papá de Anuar

....

"Nos rompe el alma hoy ser cuatro en lugar de cinco; es tan duro ver a tu familia partida por el dolor…"

LAURA, mamá de Diego

....

"Nuestra nueva vida de tres y no de cuatro… Una mesa de tres, un coche con tres; ahora siempre tres y nunca más cuatro… Nunca se volverá a llenar esa silla vacía, nunca más estará físicamente nuestro hijo; sólo quedan recuerdos y una vida que tratamos de llevar."

ANUAR, papá de Anuar

....

"Cada miembro de la familia ha procesado su pérdida en formas diferentes y hemos requerido de ayuda profesional para ayudarnos y ayudar a los demás en este proceso."

MIGUEL, papá de Miguel

Afectaciones en los hermanos y hermanas

"Fue tan doloroso ver a sus hermanos menores llorar inconsolablemente, y tan difícil tratar de ayudarlos estando yo tan rota, tan muerta en vida."

MÓNICA, mamá de Pierre

....

"A seis años de distancia, mi hija menor es quien ha tenido más problemas para procesar la pérdida de su hermano, y eso nos afecta a todos."

MIGUEL, papá de Miguel

···

"Mi hijo me dijo: 'Mamá, prométeme que tú no te vas a ir con mi hermano'. Yo le contesté que no me iba a morir todavía, y él respondió: 'Yo me refiero a que vivas más allá con él que aquí con nosotros… Te necesitamos'. En ese momento toda mi perspectiva cambió, y tuve que ser fuerte como única opción para regresar a la vida."

IVONNE, mamá de Mau

El dolor nunca se va, pero cambia y se transforma...
Es como cargar un ladrillo muy pesado en la bolsa del pantalón
por siempre.
Al principio pesa mucho, no te deja caminar y hasta te tira,
pero con el tiempo te acostumbras a que el ladrillo este ahí,
y logras seguir caminando, siempre con el ladrillo en la bolsa.
A veces sientes tan sólo el ladrillo ahí,
otras veces te pesa demasiado,
y otras regresas a sentir ese dolor que no te deja ni respirar.
Pero pasa el tiempo y cada vez el ladrillo que te acompaña se
vuelve parte de ti,
el dolor nunca te deja y quieras o no te transforma.
Cuando te das cuenta de que el ladrillo siempre va a estar
contigo sin importar lo que hagas,
te sorprendes al notar que eso es lo que tienes y que eso es lo
que te queda.
Ese dolor que sientes, y con el que cargarás para siempre,
son los rastros que indican que su presencia sigue ahí, sigue
contigo y te acompañará para toda la vida.
El dolor se vuelve un recuerdo hermoso, nunca deja de doler;
pero saber que sentir ese dolor significa extrañar lo que más
quieres significa amor, te tranquiliza.
Es en esos momentos cuando te das cuenta de que ya no tienes
miedo de olvidarlo,
porque esa persona se convirtió en alguien imposible de olvidar.

ANNETTE, hija de Raquel, hermana de Jaim

Surgieron conflictos y tensiones en la familia

"En aquel entonces nuestra relación de pareja se fracturó de manera importante... No nos hablábamos, yo le tenía mucho coraje; dormíamos juntos, pero no teníamos contacto físico ni relación afectiva alguna... ¡Y pensar que en esos momentos hubiera sido muy importante abrazarnos, comunicarnos y llorar juntos!"

LETY, mamá de José Pablo y Milly

....

"Generó tensiones en la dinámica familiar que afectaron la armonía de nuestra relación de pareja, y es que las emociones están a flor de piel, y la tensión, la irritación y la culpa surgen con mucha fuerza."

IVONNE, mamá de Mau

....

"En un principio tuve problemas con mi esposa porque empecé a beber constantemente, y por lo mismo las descuidé a ella y a mi hija."

JOSÉ LUIS, papá de José Pablo y Milly

....

"Se han presentado situaciones difíciles, como discusiones fuertes y faltas de respeto, caos, pero todo lo vamos superando poco a poco."

LAURA, mamá de Diego

Una reflexión para compartir ──────────■

A todos en la familia nos duele tanto y tan profundo, tan similar y tan diferente. En un mismo escenario nos duele la ausencia, nos duele el otro y nos dolemos nosotras mismas, nosotros mismos. Todo este dolor se expresa a través de una gran gama de sentimientos, pensamientos, conductas y actitudes que a su vez detonan pensamientos y emociones en las demás personas. Esta mezcla de sentimientos compartidos complejizan nuestro sentir, pero otras veces resulta fortalecedora y de gran ayuda para hacer frente y contenernos.

Debemos destacar algo de mucha importancia: para que la expresión de emociones resulte fortalecedora, se requiere que en el escenario familiar haya aceptación, comprensión, tolerancia, flexibilidad y paciencia; pero también límites a la conducta y formas de respuesta que no resulten de ayuda.

En medio de todo lo anterior, tenemos que llevar una muy difícil tarea a nivel familiar: aceptar que todos y todas vivimos un duelo igual, pero diferente; no mayor ni menor, tan sólo diferente. Porque ese *ser querido* significaba cosas particulares para cada miembro de la familia, porque nos identificaban y unían otros intereses, porque compartíamos momentos distintos; todo eso detona manifestaciones diferentes del duelo, necesidades diversas para hacerle frente.

Así también debemos aceptar y comprender que no todos lo vamos a superar de la misma forma y en el mismo tiempo, que nuestros tiempos y procesos no siempre serán los mismos. La "superación" de la pérdida no es un proceso lineal: hay avances y recaídas.

Finalmente, queremos comentar que la familia no es una masa integrada, es un ente en movimiento compuesto de subsistemas que interactúan y tienen diferentes formas de relación y expresión, así como grados de cohesión. La pérdida daña de forma distinta dichos subsistemas; es decir, la relción entre papá y mamá; papá e hijo; papá e hija; mamá e hijo; mamá e hija; entre hermanos y hermanas, entre hermanos, entre hermanas, entre hermanos chicos y hermanos grandes, en fin. Cada subsistema tiene dolores, necesidades y tiempos particulares.

Nos fortalecimos como familia

"Pienso que nos ha hecho crecer como personas y la relación familiar está muy bien. Vivir juntos esa crisis y haberla sobrepasado bien nos ha hecho una muy buena pareja, con más perspectiva de lo que es importante; de hecho, hay cierto orgullo entre nosotros. A mi hija también la hizo madurar en forma especial."

SANTIAGO, papá de Tomás y Santiago

"Nos sentimos más unidos la familia a partir de la ausencia de mi hijo."

LUIS, papá de Ian

"Hoy nuestra relación familiar (mi esposo y yo somos una familia) es más abierta, más colaboradora, más amorosa, ya no hay esos enojos que antes había... Hoy tratamos de hablar sobre lo que nos duele a nivel emocional, y él colabora más en casa."

LETY, mamá de José Pablo y Milly

"La relación dentro de nuestro hogar ha seguido firme y tal vez más fortalecida."

LAILA, mamá de Anuar

"Mi matrimonio ha salido sólido de esta prueba y afortunadamente nos hemos mantenido como una familia unida."

MIGUEL, papá de Miguel

"Pude ver a mi esposo de una manera diferente, lo pude reconocer como mi pareja y el amor de mi vida."

IVONNE, mamá de Mau

"Después de fallecer mi segunda hija, pensaba en divorciarme de mi esposa; yo creía que ya no tenía caso continuar juntos porque ya no había familia. Sin embargo, al trabajar mi proceso de duelo descubrí que tenía la gran oportunidad de continuar una nueva vida con mi esposa, ya que con la muerte de mis hijos no se terminaba todo para mi matrimonio, que la familia la continuamos formando mi amada esposa y yo."

José Luis, papá de José Pablo y Milly

Una reflexión para compartir ——————

El que la familia pueda permanecer sólidamente unida después de enfrentar esta devastadora tormenta depende de muchos factores previos o que surgen a partir de la pérdida; tanto individuales, familiares y de pareja como internos, externos y circunstanciales.

Permanecer juntos después de la tormenta no necesariamente habla de una familia cohesionada, y la separación o el divorcio no necesariamente son producto del fracaso en la tarea familiar o de pareja para hacer frente a la pérdida juntos. Puede ser el resultado de encontrar un mejor acomodo temporal o permanente para sobrevivir a la misma.

Lo cierto es que una vez que ha terminado la tormenta, es necesario empezar un largo proceso de reconstrucción individual y familiar. Después de este proceso ya no seremos los mismos ni la familia lo será.

Se requiere de un gran trabajo interno para reconstruirnos en seres mejores después de la pérdida, y ello se reflejará en el reacomodo familiar que logremos (juntos o separados), pero que éste sea el mejor para todos y todas.

Lo vivido nos acercó más a la familia extensa

"Lo sucedido me ha acercado más a mi familia."

PALOMA, mamá de Álvaro

·······························

"Me unió más a mis hermanos, ahora hay más comunicación; la muerte de mi hija nos unió."

LETY, mamá de José Pablo y Milly

·······························

"La muerte de mi hijo hizo que mi familia se acercara mucho más a mí; me protegieron y acompañaron desde el primer momento. Todos se portaron muy amorosos conmigo, sobre todo mis hermanos, quienes han estado mucho más pendientes de mí."

MARCELA, mamá de Chema y Santiago

·······························

"Me pegué mucho a mi familia y nos hicimos muéganos, nos cuidamos mucho los unos a los otros. Nos volvimos muy cariñosos y expresivos. Nunca falta un 'te amo' o un 'te extraño'."

IVONNE, mamá de Mau

Una reflexión para compartir ━━━━━━━━■

No cabe duda de que la familia extensa es una gran fuente de amor, comprensión y apoyo, un gran bastón ante tanta fragilidad, el ojo en medio de la tormenta. Esa familia extensa puede ser la consanguínea o la creada a lo largo de los años, o ambas, ya que los amigos entrañables se vuelven hermanos del alma, compañeros de vida con los que hemos compartido tantos momentos y que nos conocen tanto que comunicar nuestro sentir resulta fácil porque no necesitamos ni hablar.

➤ *¿Cuáles fueron los principales cambios en tu vida familiar?*

_____

_____

_____

_____

_____

_____

_____

_____

_____

_____

_____

_____

_____

_____

_____

_____

_____

_____

_____

LA VIDA LABORAL TAMBIÉN CAMBIA

· ·

"Perder un hijo te cambia todo, está una tan distraída que está presente estando ausente... Piensas en él en todo momento, al mismo tiempo que en tener que vivir... Sólo quien ha pasado por esto lo puede entender."

MÓNICA, mamá de Pierre

· ·

"La muerte de mi hijo fue un *knock out* para mí... Me dejó sin ninguna fuerza para seguir luchando."

JUAN CARLOS, papá de Diego

Las múltiples afectaciones en la vida laboral

"En un principio realmente no estaba presente en el trabajo."

CAROLINA, mamá de Pato

· ·

"Me afectó mucho; después de que murió mi hijo dejé de escribir casi año y medio."

PALOMA, mamá de Álvaro

· ·

"Me afectó en la energía y el estado de ánimo."

GALIA, mamá de Tamara

· ·

"Hacía las cosas en automático."

JUAN CARLOS, papá de Diego

···

"Me afectó terriblemente; dejé de trabajar durante más de dos años… Durante mucho tiempo no fui capaz de concentrarme, de tener orden; muchos días no tenía ganas de levantarme ni de pensar, me era imposible ser productiva…"

MARCELA, mamá de Chema y Santiago

···

"Dejé de ir a trabajar, ya que los días que fui a mi negocio me encontraba gente que seguía dándome el pésame; me hacía sentir muy incómoda."

RAQUEL, mamá de Jaim

···

"Yo estaba de voluntaria en un hospital y no he podido volver. Siento que no puedo, que no tengo fuerzas; sé que estoy haciendo mal, pero me cuesta mucho trabajo hacer las cosas. Quiero continuar haciendo alguna labor social pero no me atrevo aún, me da miedo."

LUPITA, mamá de María

···

"Creo que al principio trataba de actuar y operar normalmente; pero poco a poco fui cayendo en un estado de depresión que sin duda afectó al menos un año mi vida laboral."

MIGUEL, papá de Miguel

···

"Saqué mucho de mi enojo agrediendo de alguna u otra forma a personas que trabajan conmigo y que no se lo merecían. Hoy les he pedido disculpas por ello y trato de aprender a manejar mis reacciones."

JUAN CARLOS, papá de Diego

···

"Después de estar trabajando ahí años, me liquidaron precisamente un poco después de la muerte de mi hija; aunque no me lo dijeron, yo sé que fue porque descuidé mi trabajo. Tenía baja productividad y ya no atendía con diligencia los asuntos que me encomendaban mis jefes."

José Luis, papá de José Pablo y Milly

Afectó la economía

"Se incrementaron de manera importante mis problemas económicos. Tuve muchos gastos y contraje muchas deudas; perdí gran parte de mi patrimonio."

Marcela, mamá de Chema y Santiago

Una reflexión para compartir ————————■

La pérdida trastoca todas las áreas de nuestra vida, incluyendo la laboral. No tener energía ni deseos de trabajar, no poder concentrarte, no desear socializar, sentirte fuera de lugar, irritable, incómodo, sin creatividad e iniciativa y con deseos de salir corriendo y regresar a aislarte en casa son algunas de las formas en las que manifestamos a nivel laboral este dolor generalizado.

Y esta grave afectación en la vida laboral en muchos casos impacta también la economía familiar, haciendo que la disminución en el ingreso genere una sensación adicional de angustia y desolación, de fracaso e incompetencia.

Estos síntomas son parte de las sensaciones que nos acompañan ante la muerte de un hijo, hecho que nos hace sentir que caemos en un peligroso y profundo abismo.

¿Qué podemos hacer ante ello?

· Ser justos con nosotros mismos y perdonarnos por no poder en este momento actuar de mejor manera.

· Ser autocomprensivos y, en este sentido, permitirnos entender que es imposible que un suceso de tal impacto no afecte todas las áreas de nuestra vida. Ante esto, lo que nos toca es identificar nuestra condición actual y asumir que estas manifestaciones son síntomas que hablan de la indeseada e inevitable condición en la que nos encontramos.

· No exigirnos ni tratarnos con severidad al respecto, ni descalificarnos por no poder responder como solemos hacerlo. La dureza hacia nosotros mismos nos debilita aún más, y no nos ayuda a encontrar alternativas.

Es mejor tratar de hablar sobre lo que nos sucede (la afectación en el ámbito laboral), ya que al expresarlo clarificamos y ponemos en orden nuestras ideas, preocupaciones y emociones (principalmente temores), lo cual nos ayuda a recuperar un mínimo de control sobre nosotros mismos (ordenar nuestro mundo interior nos ayuda a sentir que estamos recuperando dicho control) y nos permite abrir una vía de descarga para la tensión acumulada, y con ello disminuirla (entre menos tensión haya, menor riesgo hay de que se presente una repentina e incontrolable explosión de emociones que nos haga sentir más expuestos aún).

En especial, es importante tratar de hablarlo con compañeros o compañeras, y si es posible hasta con el jefe o la jefa, los clientes o aquellas personas a las que estemos temiendo fallarles. No para obtener su compasión, sino su comprensión y apoyo. Hay que comunicar lo que se nos dificulta, y en su caso, pedir ayuda específica (tiempo para poder entregar, paciencia, comprensión, etcétera), haciendo explícito nuestro compromiso, pero también nuestra dificultad o incapacidad temporal.

Debemos permitirnos recibir el apoyo solidario y afecto de nuestros compañeros y compañeras de trabajo y clientes. Su interés, afecto y apoyo nos ayudarán a fortalecernos emocionalmente de forma paulatina.

Finalmente, tenemos que ver el trabajo como una gran herramienta para evitar caer más hondo, que nos sostiene y nos ayuda a salir de ese profundo abismo. La rutina, las tareas, los problemas a resolver, entre otros asuntos, nos ayudan a salir del ensimismamiento, a romper con los pensamientos dolorosos relacionados con la pérdida, y promueven que pongamos nuestra atención en el exterior (siendo éste un lugar más seguro, porque el interior está lleno de dolor). De forma adicional, el trabajo nos traerá pequeñas satisfacciones que fortalecerán nuestras tan lastimadas autoestima, seguridad y confianza en nosotros mismos como resultado de la pérdida.

Regresar a la vida laboral

"Retomar el trabajo me costó mucho, pero debes hacerlo."

JUAN CARLOS, papá de Diego

. . . .

"Cuando un hijo muere, ese mundo que hemos construido en nuestra cabeza se destruye, los padres quedan absolutamente desorientados frente a una dolorosa realidad. Por eso, tener una rutina y regresar a la vida lo antes posible nos ayuda a sanar más rápido."

IVONNE, mamá de Mau

. . . .

"Mi trabajo y el ejercicio diario son mis terapias y métodos de escape más importantes, me mantienen ocupada y con una rutina que me da la fuerza para lograr enfrentar el día a día."

IVONNE, mamá de Mau

. . . .

"Hoy el trabajo es una gran distracción para mí. Me distrae de mi pena… En ocasiones me molesta tener que tratar con cierto tipo de persona o enfrentar ciertas situaciones, pero lo prefiero a quedarme sin hacer nada y volverme loco."

JUAN CARLOS, papá de Diego

···

"Trabajar ayuda muchísimo, es la manera más sana y productiva de distraer la mente."

MÓNICA, mamá de Pierre

❧ *Para ti, ¿cuáles fueron los cambios en tu vida laboral?*

_____

_____

_____

_____

_____

_____

_____

_____

_____

_____

_____

_____

_____

_____

_____

_____

_____

CAMBIOS EN LA VIDA SOCIAL

· ·

"Mi vida social está afectada en un cien por ciento."

LAURA, mamá de Diego

· ·

"Al principio tuvimos mucha gente alrededor; después viene la realidad, la gente deja de venir, sólo quedan los amigos cercanos."

JUAN CARLOS, papá de Diego

· ·

"Después de que todo termina uno huele a muerte, sabe a muerte, ¡es muerte! Todos huyen y uno huye de sí mismo hasta que logra reconstruirse y reconquistarse, reconquistar a la familia, a los amigos y hasta a la vida misma."

GLORIA, mamá de José Gustavo

Aislarse

"En un principio me aislé."

LETY, mamá de José Pablo y Milly

· ·

"Al principio me alejé de las amistades, hasta de las que realmente me han estimado."

JOSÉ LUIS, papá de José Pablo y Milly

· ·

"Me he vuelto un poco retraída, de mal humor, sobre todo con mi esposo."

LUPITA, mamá de María

·····································

"Sólo podía estar con mi gente más cercana, me costaba mucho que se me acercaran a tratar de decirme algo."

GALIA, mamá de Tamara

·····································

"Prefieres estar protegida en tu casa."

LUPITA, mamá de María

·····································

"La manera de cuidarme, de protegerme, fue estar sólo con seres que me dieran paz, que estuvieran ahí para lo que yo pudiera o quisiera hacer, que en ese momento era poco."

RAQUEL, mamá de Jaim

Una reflexión para compartir ────────────■

Ahora hay un muro entre tú y el resto del mundo que antes no estaba.

ELISABETH KÜBLER-ROSS Y DAVID KESSLER

El aislamiento es parte del proceso de duelo, y está asociado con la profunda tristeza, falta de energía y los deseos para estar con el entorno. "En estos momentos no somos más que una Isla de Tristeza y hasta ahora no hay salida, no importa lo que los demás quieran para ti", afirman Elisabeth Kübler-Ross y David Kessler.

La gente a la que le importamos se preocupa por nosotros y hace intentos por romper el aislamiento, pero éste es involuntario, tan sólo no se tienen deseos ni energía suficiente para estar con el afuera circundante. Kübler-Ross y Kessler explican que "la muerte de un ser amado nos deja aislados física y simbólicamente".

De hecho, este estar aislado no depende de la presencia o ausencia de la gente, o de lo que ésta haga al respecto; aunque haya mucha gente alrededor nos sentimos aislados del entorno, en otra dimensión en la que impera la tristeza, en la que el mundo se ve en tonos de gris y se camina a otro ritmo, más despacio. En esa dimensión estamos solos con nuestros pensamientos y emociones.

El deseo de la gente de sacarnos del aislamiento tiene que ver con su propio miedo e incomprensión del momento que estamos viviendo, de la condición en la que nos encontramos.

Esa incomprensión está asociada al hecho de que es un dolor muy difícil de entender y que nos asusta sentirlo con tanta intensidad, pero también a la imposibilidad que tienen los padres y las madres en duelo para expresar lo que sienten, así como a su falta de deseo y energía para hacerlo, a su enojo e intolerancia con el mundo, al cual no les interesa pertenecer…

La buena noticia es que poco a poco encontraremos el puente que nos conecte con la vida.

Si bien el aislamiento es una parte esperada en un proceso de duelo, no podemos permitir que se prolongue demasiado tiempo, porque entre más tiempo pasa, resulta más difícil encontrar recursos para volver a vincularse y salir.

Intolerancia, poca disposición y hasta rechazo social

"Me he vuelto más huraño y solitario que en vida de nuestro hijo."

Anuar, papá de Anuar

· ·

"Reconozco que mi tolerancia ya no es igual."

Laila, mamá de Anuar

· ·

"En un principio mucha familia y amistades se alejaron, me veían como un ogro por mi carácter que se hizo tan agrio… Perdí muchas amistades, otras simplemente se fueron. Hoy sé que muchas personas 'no pueden' y se retiran… También los familiares se alejaron. Un día, muy enojada, le dije a mi esposo que toda esa gente era como las cucarachas cuando prendes la luz: todas corren, huyen; pero hoy entiendo que no pudieron en su momento y aprendí a respetar esa parte en ellos. Hoy, con menos dolor y más capacidad para comprender lo vivido, estoy abierta a quien quiera acercarse a mí, bienvenidos, la familia también se ha ido acercando a nosotros."

LETY, mamá de José Pablo y Milly

Sentirse fuera de lugar

"Voy a casa de muy poca gente, sólo con amigos que han sido incondicionales para nosotros."

LAURA, mamá de Diego

....

"Me he alejado de la vida social, ya que veo más superficialidad en las personas."

CAROLINA, mamá de Pato

....

"Me he vuelto bastante cuidadosa en aceptar compromisos, casi no salgo y si lo hago es siempre con mi esposo, mis hijos y mis grandes amigos, y salgo a lugares tranquilos, pues puede suceder que empiezo a llorar y no paro."

LAURA, mamá de Diego

....

"No me gustaba ir a reuniones donde hubiera mucha gente, prefería rodearme únicamente de mis seres más queridos y cercanos. Esto me sirvió mucho, sentía que me estaba cuidando a mí misma."

RAQUEL, mamá de Jaim

....

"Te vuelves diferente, buscas estar con personas con intereses más profundos, por así decirlo. Creo que la gente que ha sufrido tiene otra visión de la vida en general."

MÓNICA, mamá de Pierre

....

"Intento apartarme de lo que me resta energía o de los eventos o personas a las que yo tampoco tengo algo que aportarles porque no comulgo con sus ideas."

LAILA, mamá de Anuar

....

"A veces no embonas."

MÓNICA, mamá de Pierre

Una reflexión para compartir ———————■

Aislamiento no es lo mismo que limitar nuestras relaciones sociales a las estrictamente necesarias; esta disposición interna también es común en madres y padres en duelo. Debemos dejar que poco a poco surja el deseo de convivir solamente con las personas con las que nos sentimos más cómodos y comprendidos.

Es válido y hasta necesario optimizar los contactos sociales, pero siempre y cuando esto se haga de manera conciente, para evitar caer en un aislamiento riesgoso.

Es muy importante saber que las personas que realmente nos quieren estarán ahí aunque nos hayamos alejado por falta de energía o deseos, para que podamos agarrarnos de ellos cuando sintamos ahogarnos de angustia, tristeza, rabia o desesperación.

Las personas que nos quieren y para las que somos importantes buscarán estar cerca física o emocionalmente de nosotros, buscarán estar al pendiente de los momentos de mayor fragilidad, y estarán listas para acompañarnos y sostenernos cuando así lo necesitemos.

Pero también es importante saber que si necesitamos la ayuda de esas personas especiales, y ellos (por la razón que sea) no se han percatado de nuestra necesidad de ayuda, hay que tomar fuerza para dar el paso y pedirla: "Quédate esta noche", "No te vayas aún, me asusta estar sola", "¿Me acompañas al panteón?", "Acompáñame a tomar un café, necesito hablar", "Te encargo a mis hijos", etcétera.

Es importante que las personas en duelo intenten reiniciar su vida social, de forma gradual, respetando su propio momento, necesidad y ritmo, lo más pronto que les sea posible.

SANTIAGO ROJAS

Fiestas y eventos sociales

"Prefiero no ir a fiestas ni bailar, si estoy en mi casa me siento mejor."

LUPITA, mamá de María

....

"No me gusta asistir a bodas, fiestas ni festejos de ningún tipo. Sólo salgo con mi esposo y mis hijos, y con parejas de amigos que entienden mi pena; no me siento nada a gusto donde hay mucha gente, lo evito al cien por ciento. No sé cuándo pueda asistir a ese tipo de eventos sociales, pero hoy no me interesa."

LAURA, mamá de Diego

....

"No me gustan los lugares públicos y mucho menos donde hay música, risas, copas y mucha gente."

LAURA, mamá de Diego

....

"Yo no puedo ir a algún lado y pasarla bien si mi hija no está… Me lo reprocho."

LUPITA, mamá de María

Hay otros intereses

"Por momentos siento que no pertenezco a ciertos grupos en los que no encuentro sentido a su proceder."

LAILA, mamá de Anuar

....

"Mi realidad actual me ha acercado a personas y actividades que antes no realizaba, así como me ha alejado de quienes antes estaban supuestamente más cerca de mí."

RAQUEL, mamá de Jaim

Una reflexión para compartir ■

Para muchas personas ésta es la parte más dura del duelo. ¿Cómo celebrar algo cuando un hijo o una hija han muerto? Las fiestas sólo magnifican la tristeza y el vacío, por lo que la necesidad de ayuda y de una compañía empática puede ser lo más ansiado en ese momento. Para ayudarte con esto, te presentamos algunas recomendaciones, enriquecidas con reflexiones que hemos parafraseado de Kübler Ross y Kessler.

Para evitar hacer frente a esos momentos o fechas tan difíciles, a muchas madres y padres les resulta más fácil hacer caso omiso a las celebraciones, o a ciertas festividades en especial, e imaginar que no existen.

Algunos padres y madres se permiten recibir el apoyo de personas queridas para construir este escape temporal con carácter protector de manera acompañada.

Otros encuentran difícil negar la existencia de esa fiesta y se obligan a asistir, pero con la decisión de no aparentar ni simular, por lo que expresan a los asistentes u organizadores, previamente o al llegar, su situación y su propuesta al respecto: sólo estar un tiempo determinado en la fiesta, o integrar su realidad a la celebración, abriendo un momento para rezar, recordar o hacer un homenaje al ser que se ha ido.

Algunas otras personas optan por irse temprano de la fiesta y abrir después un tiempo para estar a solas llorando su pérdida.

No existe una manera adecuada o más correcta de enfrentar las fiestas o celebraciones cuando se está en duelo, y menos aún porque la muerte puede estar asociada a ciertas celebraciones, o ciertas fechas y festejos pueden ser más importantes o estar cargados de más dolor por el significado que tienen en relación con el hijo o la hija fallecidos.

Por lo anterior, lo más saludable es que cada uno, cada una, decida lo que es mejor para sí y hacerlo, lo comprendan o no los anfitriones o las personas involucradas; aunque siempre habrá alguien dentro de ese grupo de personas que sea más sensible y comprensivo con nuestra situación y momento de vida.

Es importante que tomes decisiones en un marco de autocomprensión, y que sepas que tienes derecho a cambiar de opinión si no eres capaz de tolerar o sobrellevar un evento que pensaste poder enfrentar, o si encuentras de último momento un plan que te hace sentir más seguro o más segura.

De la misma manera, es importante que tengas en cuenta que la gente que nos rodea no tiene por qué saber cómo ayudarnos de la mejor manera a atravesar las festividades, así que hay que atrevernos a expresar con claridad nuestras necesidades, temores e ideas respecto a cómo sentirnos mejor o menos incómodos ese día o ante esa situación; después de eso, es importante escuchar las alternativas que nos plantean para apoyarnos (las cuales pueden o no enriquecer nuestra percepción o alternativas al respecto).

Probablemente en principio (los primeros meses o años) pienses que nunca vas a poder disfrutar una celebración o ciertos eventos; sin embargo, con el tiempo la mayoría de las madres y padres en duelo encuentran un nuevo y particular sentido a ciertas festividades, en el que un elemento importante es la presencia en nuestro corazón del ser que se ha ido.

Por último, quisiéramos comentar que al disfrutar un momento festivo (en la medida en que lo deseemos y estemos listos para ello) no traicionamos ni dejamos de amar a nuestro ser amado fallecido; el amor a ese ser no lo hace más grande nuestro sufrimiento. Ese amor está dentro de nosotros como la sangre en las venas, y recordarlo se tiene que convertir en un homenaje al amor y no en un acto de tortura, en el que el dolor nos obnubila e impide disfrutar de dicho amor.

La necesidad de protegerme

"El negro en mi ropa me duró más de un año, y hoy según me sienta me vuelvo a vestir de luto total si estoy triste. Esto para mí es una forma tanto de protegerme como de decirle a los demás que ese día no estoy bien."

LAURA, mamá de Diego

....

"Es tan difícil cuando te hablan o preguntan sobre los hijos… Hasta hoy, evito preguntarle a recién conocidos cuántos hijos tienen, ya que no quiero escuchar la misma pregunta hacia mí."

JUAN CARLOS, papá de Diego

No hagas más de lo que quieras hacer, y tampoco hagas nada que no sea útil a tu alma y a tu pérdida. Ahora más que nunca, tienes que ser amable contigo mismo y protegerte.

ELISABETH KÜBLER-ROSS y DAVID KESSLER

Retomar la vida social

"En un principio salía menos, ahora estoy retomando mi vida social."

PALOMA, mamá de Álvaro

···

"Ahora, con su ausencia grabada en mi alma, sí disfruto la vida social, pero jamás será igual."

LAILA, mamá de Anuar

Hay una reacción favorable de la gente hacia uno

"Las personas cercanas a mí deseaban verme bien."

RAQUEL, mamá de Jaim

···

"Ahora siento una comprensión no pedida de la gente conocida."

ANUAR, papá de Anuar

···

"Paradójicamente, lo vivido impactó muy positivamente mi vida social, porque mis amigos y amigas me han demostrado su cariño de muchas maneras."

MARCELA, mamá de Chema y Santiago

···

"La gente que sufre o ha sufrido le genera respeto y cariño a los demás… Hoy a nosotros la gente nos transmite mucho afecto y respeto por haber manejado tan positivamente nuestro accidente."

SANTIAGO, papá de Tomás y Santiago

···

"Por lo general yo siempre he sido una persona que cuida y que protege, pero durante los tres primeros años posteriores a su pérdida me dejé cuidar y consentir; de esta manera pude sentir el afecto y las atenciones de toda la gente tan valiosa que me rodea y a la que habitualmente no me permito sentir."

IVONNE, mamá de Mau

Conocer a nuevas personas

"He tenido la fortuna enorme de encontrar a mucha gente que ha sido tremendamente empática y cariñosa conmigo... Ser su madre me ha traído muchas experiencias maravillosas y muchas satisfacciones, y sus amigos me han cobijado muy amorosamente."

MARCELA, mamá de Chema y Santiago

....

"He recibido la ayuda y el cobijo de mis compañeros, amigos y personas a las que he conocido recientemente, y eso me da alegría... Soy feliz de saber que, al conocer mi testimonio de vida, en algo o en mucho éste le puede servir a otros seres humanos para poder superar sus pérdidas."

JOSÉ LUIS, papá de José Pablo y Milly

....

"Al ser más sensible ante estos temas, he podido conocer y me he acercado a muchas personas nuevas en mi vida."

MIGUEL, papá de Miguel

Una reflexión para compartir ────────────■

Compartimos al respecto unas palabras de Alba Payàs:

"Según los estudios sobre el duelo, quienes realizan bien el proceso, quienes se recuperan mejor son aquellos que tienen a otras personas con las que compartir, personas a las que no les da miedo escuchar, que no tienen prisa, que no te interrumpen, que no se asustan de tus

emociones, amigos y familia que no abandonan a pesar del tiempo…
Si tienes una persona así a tu lado o cerca, no dudes en pedirle ayuda.

Poder disponer de un tiempo para compartir tus sentimientos, sean los que sean, de un espacio de escucha sensible, es absolutamente indispensable cuando estás enfrentando un delicado duelo."

❧ *Para ti, ¿cuáles fueron los principales cambios en tu vida social?*

_____

_____

_____

_____

_____

_____

_____

_____

_____

_____

_____

_____

_____

_____

_____

_____

_____

_____

EN LA VIDA COTIDIANA
YA NADA ES IGUAL
. . . .

"Para mí algo muy difícil ha sido regresar a la vida normal."

LAURA, mamá de Diego

. . . .

"Mi vida cambió totalmente, todo tomó una dimensión diferente, todo se ve de otro color a partir de la pérdida de mi amado hijo."

RAQUEL, mamá de Jaim

. . . .

"Todo lo veo y siento diferente; nada es igual en nada para mí."

ANUAR, papá de ANUAR

. . . .

"Es tan duro levantarme a diario y recordar que mi hijo no está."

LAURA, mamá de Diego

Dificultad para enfrentar la vida cotidiana

"Después de su muerte, me costaba trabajo realizar hasta las acciones más cotidianas. A veces lo lograba, pero otras no (corría, me alejaba de todo y me encerraba otra vez en mi tristeza), me sentía ajena a la gente y a las actividades de mi vida diaria en las que antes fluía espontáneamente."

LAILA, mamá de Anuar

. . . .

"Enfrentar el día a día sin ella fue muy difícil; vivir cosas que ella tendría que estar disfrutando... que tendríamos que estar disfrutando en familia."

GALIA, mamá de Tamara

....

"Los dos primeros años fueron terribles. Cada vez que salíamos de la ciudad estábamos un poco más distraídos viendo cosas diferentes, pero regresar a la vida normal para mí era quererme morir del dolor. Regresar implicaba enfrentar la cruel realidad: Diego no estaba, no lo iba a volver a ver, y eso me volvía loca de dolor."

LAURA, mamá de Diego

Cambios en el estado de ánimo

"Mi vida cotidiana se caracteriza por cambios constantes en el estado de ánimo, los cuales pueden, según el día o la intensidad, afectarme de diferente manera o en distinto grado de intensidad."

JUAN CARLOS, papá de Diego

....

"A partir de la muerte de mi hijo ya no fui el mismo, todo cambió para mí, me volví amargado, dejé de ser alegre y bromista."

JOSÉ LUIS, papá de José Pablo y Milly

....

"Todavía no encuentro esa alegría que me caracterizaba antes... Hoy la vida se ha vuelto gris. Casi todos los días estoy esperando la noche para poder dormirme y decir: 'Sobreviví un día más sin él'."

LAURA, mamá de Diego

....

"Enfrento la vida cotidiana sin ilusión."

LUPITA, mamá de María

....

"Me da una enorme melancolía no haber podido vivir con mis dos hijos."

SANTIAGO, papá de Tomás y SANTIAGO

....

"Tengo pocas ganas de hacer las cosas... Muchas veces me levanto por mis hijos y mi marido, pues entiendo que no es bueno que me vean en depresión, en mi cama, sin arreglarme, sin ganas de nada."

LAURA, mamá de Diego

....

"Me faltan entusiasmo, emoción, fuerza... Y la desesperanza sigue ahí como una maldición."

LUPITA, mamá de María

Desear su regreso

"Me pasé meses viendo la puerta a partir de las cinco de la tarde (hora en que mi hijo solía llegar de trabajar), esperando que se abriera y entrara él... La casa se me venía encima sin él."

MARCELA, mamá de Chema y Santiago

Pérdida de la seguridad

"Me he vuelto bastante insegura; con la muerte de mi hijo se me fue toda mi seguridad... Los primeros meses no salí de mi casa, no quería que nadie me viera, tenía pánico de ir al súper, así que por bastante tiempo dejé de vivir."

LAURA, mamá de Diego

....

"Vivo con miedo y angustia, con la simple idea de poder llegar a perderlos."

IVONNE, mamá de Mau

....

"Me da miedo y angustia salir sola."

LUPITA, mamá de María

Las tareas cotidianas

"Me costó muchísimo trabajo ir al supermercado porque no sabía qué comprar, y muchas veces tuve que salir abandonando el carrito de la compra, porque no soportaba pensar que siempre, desde que nació, llevaba la comida para él, pensando siempre en lo que le gustaba y disfrutaba enormemente."

MARCELA, mamá de Chema y Santiago

....

"Las cosas triviales de la vida en un principio son realmente tristes y difíciles; una ida al supermercado, pasar por los pasillos y ver los artículos que antes le compraba a mi hijo era para mí un momento de mucho dolor… Suena muy simple, pero son instantes de gran angustia y desolación."

RAQUEL, mamá de Jaim

Recuperar el orden

"Ahora hago comidas muy desordenadas, mis horas de sueño están alteradas, algunos días tengo insomnio y otros puedo dormir 24 horas seguidas; trato de tener orden, pero no lo consigo."

MARCELA, mamá de Chema y Santiago

Se pierde hasta el interés por comer

"Tengo poco apetito. Como por mi hija, porque sé que se preocupa si no lo hago."

LAURA, mamá de Diego

Cambios en el sentido de vida

"El sentido de vida ya no es genial, el mar ya no es imponente y hasta un atardecer impresionante se vuelve triste… Aprendes que amar duele y que ya nunca serás quien fuiste."

MÓNICA, mamá de Pierre

Superar el temor a perder

"El temor acecha ante cualquier imprevisto, en algunos aspectos vivo en una encrucijada constante entre confiar y respetar las decisiones de mi hija o resguardarla y protegerla… Intento que nuestro proceder y el de nuestra hija sean con más cautela, con menores riesgos."

LAILA, mamá de Anuar

Adaptarme ha sido difícil, pero estoy en el intento

"Tuve que fabricarme rutinas para no caer en el desconsuelo."

PALOMA, mamá de Álvaro

....

"Mi vida cotidiana la convertí en una rutina: hacer ejercicio e ir a trabajar; eso ayudó a sostenerme y a tener estabilidad."

IVONNE, mamá de Mau

....

"Tengo otros dos hijos, y por ellos pienso seguir adelante de la mejor manera posible, para que ellos disfruten de la vida."

MÓNICA, mamá de Pierre

....

"Mi vida cambió totalmente, pero poco a poco uno empieza a acomodar su nueva vida."

RAQUEL, mamá de Jaim

....

"Al paso de los años, la vida cotidiana ha regresado a la normalidad; prevalecen los buenos recuerdos de la vida al lado de mi hijo."

MIGUEL, papá de Miguel

....

"Me acuerdo de mis hijos y lo hago con mucho cariño."

SANTIAGO, papá de Tomás y Santiago

....

"Llevo a mi hijo presente todos los días de mi vida."

LUIS, papá de Ian

....

"Mi vida cotidiana tardó en ser mía, tuvo que pasar tiempo antes de retomarla, de hacerla mía, de volver a estar de romance con ella."

GLORIA, mamá de José Gustavo

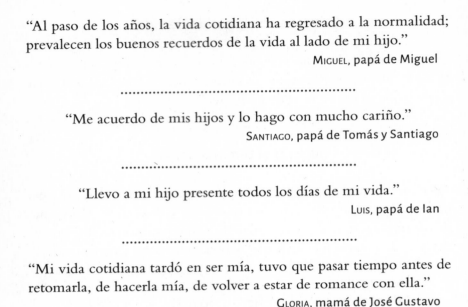

Una reflexión para compartir ———————————

Uno nunca se da cuenta de qué tan presentes están nuestros hijos e hijas en la vida cotidiana, hasta que fallecen. Pensamos más en ellos y en ellas de lo que nos percatamos concientemente. Pareciera como si nuestra actividad cerebral estuviera partida entre nuestro quehacer cotidiano y nuestros seres amados, en especial nuestros hijos e hijas. Esa parte de nuestra actividad cerebral no descansa, siempre está operando de forma paralela, sin importar si estamos en el trabajo, en el supermercado, en una reunión social o haciendo ejercicio; siempre tenemos pensamientos relacionados con ellos y ellas, desde preocupaciones y tareas pendientes hasta lindos deseos o recuerdos de los momentos compartidos.

De esta forma, al morir ese ser tan importante en nuestra vida, nuestro cerebro tarda en reconocer la falta y sigue operando de forma "normal", generando pensamientos y recuerdos ante cualquier estímulo relacionado con nuestro hijo o hija: la hora de despertarse y despertarlo para ir a la escuela, la hora de su salida del colegio, o al ver a jóvenes con mochilas caminando a sus casas al salir de él; al pasar por ciertos rumbos, al ir al súper y pasar por los pasillos donde se encuentran sus alimentos o productos favoritos, al ver a niños en el parque o a otras personas de su edad o profesión, al oír cierta música, al llegar la hora en que solía regresar a casa, los fines de semana en los que se priorizaban también sus actividades predilectas, su color favorito, etcétera.

Al principio, el cerebro sigue generando asociaciones ante cualquier estímulo relacionado, mismas que detonan sentimientos de profunda tristeza, angustia y desolación (probablemente disfrazados de enojo e intolerancia); esos constantes momentos de intenso dolor en ocasiones nos derrumban, y levantarnos a veces no resulta nada fácil, más bien nos llenan de angustia y de una profunda sensación de vulnerabilidad.

Con el tiempo, nuestro cerebro deja de generar esas asociaciones, sin que desaparezcan del todo; simplemente dejan de aparecer de manera tan continua (lo mismo sucede cuando nuestros hijos crecen y dejan de depender de nosotros) y ante ellas ya no reaccionamos con emociones tan intensas y dolorosas, sino que se empiezan a generar emociones disfrutables como el amor, la ternura y la alegría, que con el tiempo prevalecen sobre el dolor.

De este modo, el desgaste generado por la aparición de pensamientos y emociones dolorosas disminuye, y ello nos permite tener más fuerza para retomar nuestra vida cotidiana, planear, desear, disfrutar de nuestros seres queridos, de la compañía de gente a la que apreciamos, de nuestro trabajo, de un viaje, entre otras actividades.

Tú no puedes detener las olas,
pero puedes aprender a surfear.

Para ti, ¿cuáles fueron los principales cambios en tu vida diaria?

_____

_____

_____

_____

_____

_____

_____

_____

_____

_____

_____

_____

_____

_____

_____

_____

_____

_____

_____

Sabemos que el dolor agudo
que sentimos después de una pérdida
seguirá su curso,
pero también permanecerá inconsolable
y nunca encontraremos un sustituto.
No importa lo que suceda, no importa lo que
hagamos,
el dolor siempre está ahí.
Y así es como debería ser.
Es la única forma de perpetuar un amor
que no queremos abandonar.

SIGMUND FREUD, en una carta
a Ludwig Biswanger

5

FE EN LA ADVERSIDAD

LA VIDA ESPIRITUAL SE TRANSFORMA

Abandono, decepción y enojo...

"Me sentí abandonada y defraudada."

LUPITA, mamá de María

....

"Me negué a seguir en la Iglesia, ya no creía en nada; mi vida espiritual se apagó."

LETY, mamá de José Pablo y Milly

....

"Me sentía defraudada por la vida... He tenido demasiadas pérdidas: mis papás, cuatro hermanos y después mi hija, todo esto en un lapso bastante corto. Sentía que la vida estaba en mi contra y no podía encontrar mi camino ni mi razón para seguir en ella."

LUPITA, mamá de María

Cambiando conceptos en torno a la vida espiritual

"He tratado de volverme un poco más espiritual para tratar de entender ciertas cosas."

GALIA, mamá de Tamara

....

"Tu escala de valores se derrumba, hay que construirla nuevamente (adaptarla, reforzarla, reinventarla) para poder seguir, para creer nuevamente en algo, en alguien, para ilusionarte y confiar."

GLORIA, mamá de José Gustavo

···

"Me percaté, con más responsabilidad, de la necesidad de fortalecer mi espíritu. Siempre ha sido un tema de prioridad en mi vida, y así se los traté de inculcar a mis hijos; pero no sólo basta con tener la intención, hay que trabajar a diario para fortalecernos."

LAILA, mamá de Anuar

···

"Me ha vuelto mucho más sensible a estos temas y me ha llevado a profundizar y reflexionar sobre la muerte, el sentido de la vida, la vida eterna, la existencia de Dios, etcétera."

MIGUEL, papá de Miguel

···

"La pérdida de mi hijo me ha hecho trabajar más en este aspecto; de hecho, yo no era nada espiritual, pero después de tan terrible pérdida y tan inmenso dolor, tuve que aferrarme a todo lo que pudiera darme un poco de paz y consuelo."

MARCELA, mamá de Chema y Santiago

···

"Ahora entiendo de manera diferente la vida y la muerte."

ANUAR, papá de Anuar

···

"Siento que me he reencontrado conmigo mismo, con mi esencia."

JOSÉ LUIS, papá de José Pablo y Milly

Fortaleció mi vida espiritual

"Siento que he crecido espiritualmente."

PALOMA, mamá de Álvaro

....

"Lo vivido me ha llevado a ser más espiritual."

CAROLINA, mamá de Pato

....

"Se ha reafirmado mi fe."

MIGUEL, papá de Miguel

....

"Mi espiritualidad la comparo con una luz que me acompaña cada vez que siento que entro en crisis."

LETY, mamá de José Pablo y Milly

....

"Este eje es el que verdaderamente nos ha sostenido ante las adversidades de la vida."

LAILA, mamá de Anuar

La relación con Dios también sufre cambios y afectaciones

"Dios, en esos momentos de desesperación te pedí con todas mis fuerzas y con toda mi fe en ti que lo cuidaras, que lo salvaras, que no te lo llevaras... Y te lo llevaste. Yo me quedé con una tristeza inmensa, con un dolor en el alma, un dolor intenso que no cesa... ¿Cómo seguir sabiendo que ya no lo veré más?, ¿cómo estar en esta vida sin él? ¡Ayúdame, guíame! Necesito fuerzas para seguir luchando por mi familia, que me necesita bien."

RAQUEL, mamá de Jaim

....

"Qué difícil es aceptar tu voluntad, Señor…"

ANUAR, papá de Anuar

....

"¿Cómo poner en palabras este sentimiento que nadie debería de sentir…? Si existe un Dios bueno y misericordioso, no debería permitir este dolor."

RAQUEL, mamá de Jaim

....

"He tenido sueños en donde he sentido a mi hijo, sueños que me han dejado la certeza de que se encuentra en esa otra dimensión a la cual todos algún día llegaremos. ¿Será ésta una demostración de querer creer en Dios?"

JUAN CARLOS, papá de Diego

Me cuestioné hasta su existencia

"Dejé de tener contacto con Dios, me cuestioné varias veces si era verdad todo lo que nos han enseñado en la Iglesia. Ya no creía en nada."

LETY, mamá de José Pablo y Milly

Lo sentía tan lejos… me sentía tan desamparada

"Yo sentía en esos momentos el silencio de Dios, mi dolor no podía ser ya más fuerte… Más que nunca le rogaba a Dios que no me permitiera alejarme de él."

LAILA, mamá de Anuar

Viví momentos de mucho enojo

"El impacto con Dios fue tremendo, me enojé con Él y me llené de resentimiento, ya que yo siempre he creído que Dios es el que da la vida y la quita. Yo le preguntaba: '¿Por qué no me quitas a mí la vida en lugar de a mi hijo?'. Yo ya había vivido y él no, era aún muy pequeño, no me parecía justo."

José Luis, papá de José Pablo y Milly

....

"Me preguntaba: '¿Dónde está Dios? ¿Dónde estaba esa trágica madrugada cuando acabaron con su vida? ¿Dónde está el Dios bueno y misericordioso al que yo le pedí con todas mis fuerzas que lo cuidara? ¿Por qué no lo cuidó?'"

Raquel, mamá de Jaim

....

"Siempre he creído en Dios y he creado una relación muy estrecha con él... Pero a partir del accidente me enojé muchísimo, hasta me decepcioné de Él; dejé de rezar salmos, dejé de conversar con Él... Sentía que Él estaba en deuda conmigo."

Ivonne, mamá de Mau

....

"Durante mi duelo me he encontrado muy enojada con Dios porque lo culpaba de lo que me había pasado. Y dudé si seguía conmigo o se había olvidado de mí."

Raquel, mamá de Jaim

....

"A partir de la muerte de mi hijo, Dios tomó varias formas, desde un Dios castigador, responsable por la muerte de mi hijo, a un Dios indiferente, sordo, ciego y mudo, un Dios iracundo, hasta un Dios inexistente... Dejé de tener contacto con Dios, dejé de creer en Él."

Lety, mamá de José Pablo y Milly

....

"Estuve muy enojada con Dios. Le grité, le reclamé, le pedí que me la regresara, pues yo le había rezado tanto, todas las novenas que me sabía, a todos los santos que conocía, y a ninguno le importó que mi hija se muriera; estaba muy enojada... Ya no me enojo, sólo le pido que me diga para qué, y que me enseñe el camino para poder seguir viviendo y tener alguna ilusión."

Lupita, mamá de María

Todo era confusión

"No estoy enojado con Dios, pero tal vez sí con la vida, a pesar de reconocer que, al margen de la muerte de Diego, la vida, y por lo tanto Dios, me ha dado tanto... Me encuentro en un momento en el que estoy rumiando constantemente estos sentimientos encontrados. Intento valorar todo lo que tengo, pero surgió un hoyo negro que naturalmente absorbe todo lo positivo y lo convierte en dolor y pena... Pero intuyo que el tremendo dolor de aceptar la muerte no debe anular el hecho de poder maravillarnos ante la vida y su creador."

Juan Carlos, papá de Diego

....

"Si era creyente, hoy la verdad ya no sé... Es que ya no rezo con la misma fe de antes... A partir de su muerte me cuestiono más acerca de todo. Si Dios es todopoderoso, ¿por qué permite que pasen estas cosas?"

Mónica, mamá de Pierre

Una reflexión para compartir ————————■

Una noche un hombre tuvo un sueño. Soñó que caminaba en la playa junto a Dios.

En la secuencia aparecían destellos de momentos de su vida, y en cada escena notaba las huellas de las pisadas en la arena. Unas pertenecían a Dios y otras eran las suyas.

En cierto momento, observó que sólo se veía un par de pisadas. Y repentinamente se percató de que lo mismo ocurría en las imágenes de sus momentos más tristes y dolorosos. Entonces se quejó con Dios:

—Tú me enseñaste que, si yo te acompañaba, Tú jamás me abandonarías. Y he aquí que justamente en mis momentos más difíciles hay tan sólo un par de huellas. ¿Por qué me abandonaste?

Y Dios le respondió:

—Mi hijo querido, Yo te amo y jamás te abandonaría. Durante tus momentos de dolor y tristeza, cuando veías apenas un par de pisadas, era porque Yo te cargaba en mis brazos...

Cuando el dolor lastima nuestro corazón, cuando nos enfrentamos al duelo por la pérdida de alguien tan importante en nuestra vida como una hija o un hijo, una de las reacciones más comunes es cuestionarnos nuestra fe.

¿Cómo pudo Dios haberme hecho esto a mí? Comenzamos a dudar en diversos grados acerca de Su existencia, Su justicia, Su misericordia, Su ausencia y Su silencio a las angustiosas plegarias con las que lo invocamos.

Muchas veces, tratando de consolar a padres y madres en duelo, he escuchado el clamor de sus quebradas palabras, llenas de desesperación, quejándose: "¿Cómo Dios puede permitir tamaña desgracia?, ¿cómo creer en un Dios cruel?".

No somos viajeros solitarios en el valle de las sombras, y por ello podemos ver la muerte como es: no es un acto malévolo de un Dios vengador, sino parte incomprensible de la existencia humana, en la que la luz y la oscuridad, la alegría y la tristeza, el nacimiento y la muerte, están entretejidos y son inseparables.

¿Estamos siendo castigados?, ¿lo merecemos?, ¿dónde encontramos esperanzas, valor, sentido y significado cuando nos sentimos abandonados?, ¿qué podemos decir ante esta terrible soledad?

Curiosamente, al mismo tiempo es la fe la que da sentido a nuestra vida. Y como en el relato inicial, es Él quien nos carga. Y lo que la *muerte* represente para nosotros tiene que ver con lo que la *vida* signifique para nosotros. Hay un tiempo para todo. Hay un tiempo para llorar y sufrir, pero también hay un tiempo para levantarse y seguir en la misión de nuestra vida personal. Muchas veces nos han dicho que "el tiempo cura las heridas". No lo creo. El tiempo es neutral. No es el tiempo en sí lo que cura, sino lo que hacemos con él.

"¿Por qué a mí? ¿Por qué a mi hijo, a mi hija?" no son preguntas, son gritos de dolor desde la profundidad del alma.

¿Cómo podemos ayudar, hacernos presentes? Escuchando. Permitiendo que los padres y madres en duelo hablen desde su dolor y lloren desde su corazón. Generalmente, para su sorpresa, les afirmo que también yo estaría enojado con Él, de la misma manera que lo estaría con alguien querido y amigo, alguien importante en mi vida que yo creyera que me ha abandonado. Seguramente debemos ayudarles a hacer las preguntas correctas. En lugar de "¿Quién es el culpable?", preguntémonos "¿Qué hago ahora?, ¿dónde encuentro la fe y la esperanza para continuar?".

Para un hombre o una mujer de fe, no debe ser un sentimiento de culpa expresar el enojo y sentir una lejanía momentánea. Es sano vivir ese momento de cuestionamiento de nuestra fe y no debe ser motivo de sentimientos de culpa. Debemos entender que toda nuestra vida está lastimada. Pero a medida que avanzamos en nuestro duelo, al recordar, contamos todas las bendiciones que la vida de quien partió dejó en nuestras vidas y lentamente podemos entender que Dios está a nuestro lado, como en el relato, cargándonos mientras no podemos caminar por esa oscuridad que nos invade y ese dolor que nos paraliza. Está llorando junto a nosotros la muerte de su propio hijo, de su propia hija.

Las personas de fe aprenden y entienden que Él no está en medio de la muerte y la destrucción, sino que está junto al herido, al lastimado, al que llora, al que sufre. Está a nuestro lado, abrazándonos y consolándonos, ayudándonos a enfrentar el dolor y alentándonos para que volvamos a caminar dejando nuestras propias huellas.

Después de tanto enojo, llega la reconciliación

"Al principio hubo enojo contra Él, y poco a poco, como creyente, pienso que mi hijo está con Dios y que nos encontraremos en la eternidad."

Miguel, papá de Miguel

....

"En la actualidad, después de haber sentido mucho rencor y de haberle gritado, me he reconciliado con Él y tengo una excelente relación con mi creador. A Él le debo todo, porque me ha ayudado a trascender el sufrimiento y el dolor por la muerte de mis hijos."

José Luis, papá de José Pablo y Milly

....

"Estar enojada con Dios me hizo sentir muy incómoda, por lo que busqué ayuda del rabino Rittner, quien me dijo: 'No puedo decirte nada que calme tu dolor, sólo puedo decirte que quien se enoja con Dios es una persona que sigue creyendo en Él'. Fue en ese momento cuando entendí que uno no se enoja con quien no le importa, así que descubrí que Dios me importaba, y que aunque me dolía demasiado lo que me pasó, Dios continuaba dentro de mí, y aunque mi fe había cambiado yo continué creyendo en Su existencia y en la tranquilidad que me consolaba al saber que existe algo más allá que nosotros no tenemos la capacidad de entender; existe un lugar en el cual se encuentran todas esas respuestas a mis preguntas, y en el que logro tener momentos de paz al pensar que mi hijo está en un lugar mejor. Fue ahí cuando me di cuenta de que mi espiritualidad seguía presente."

Raquel, mamá de Jaim

Me ha alejado de la Iglesia, pero no de Dios

"Yo ya no voy a ninguna iglesia ni sigo ritos religiosos, al menos no los que me enseñaron mis padres. Hoy mi relación con Dios ya no es de reclamo ni de enojo; ya no creo en un Dios castigador (un Dios que me quitó a mis dos hijos), creo en un Dios amoroso, en un Dios que me acompaña y me ayuda a ver lo mejor para mí en este momento… Le agradezco y le pido que me ayude a seguir adelante para ayudar a mi prójimo."

LETY, mamá de José Pablo y Milly

Me acercó a Dios

"Mi relación con Dios hoy es mucho más cercana."

LAURA, mamá de Diego

....

"Me he acercado más a Él."

PALOMA, mamá de Álvaro

....

"Sé que lo que hoy estoy haciendo para poder vivir sin Diego, no lo podría hacer sin Dios conmigo."

LAURA, mamá de Diego

Detonó reflexiones

"Siempre he creído en Dios como un ser supremo. Nunca al rezar le pedí cosas que yo mismo me debería de procurar, pero lo único que siempre le pedí fue que no muriera alguno de mis hijos antes que yo. Lo cual me hizo confirmar mi teoría de que Él no se ocupa de forma especial de cada uno de nosotros."

JUAN CARLOS, papá de Diego

....

"A pesar de que nunca he sido religiosa, ni tampoco muy afecta a invocar a Dios, nunca sentí coraje contra él. Creo firmemente en que Dios no hace que las personas se mueran, que no decide y mucho menos nos castiga con la muerte de nuestros seres queridos. No creo que Dios provoque un dolor tan enorme a una madre o un padre, creo que él también sufre al ver nuestro inmenso dolor."

MARCELA, mamá de Chema y Santiago

....

"Mis cimientos se alteraron al constatar que aun si vives intentando cumplir con la Ley de Dios, con las leyes humanas, con rectitud, con moral, con ética, de forma sana y decente... todo puede suceder."

LAILA, mamá de Anuar

....

"Hoy, a un año y medio de la muerte de Diego, me pregunto: '¿Cómo le hemos hecho para llegar hasta aquí?' "

"La religión no me consuela, ya que a pesar de tratar de ser un buen ser humano y de cumplir, mi hijo murió.

"Me pregunto: '¿Por qué Dios nos hizo esto? ¿Por qué se lo ha hecho a tantas personas que han tenido que vivir con la muerte de un hijo por el resto de sus días? ¿De qué sirve entonces pedirle algo a Dios?'

"La religión afirma que se está mejor allá que aquí, y me pregunto: '¿Quisiera Diego estar muerto?, ¿quisiera estar en una eternidad que él no conocía antes de morir, por más maravillosa que se crea que puede ser?, ¿o quisiera seguir en este mundo junto a las personas que más quiso y que lo querían?'

"Evidentemente la decisión de no morir no depende de nosotros, pero al parecer tampoco de Dios.

"A pesar de estas reflexiones terrenales y aparentemente carentes de fe, sí creo en Dios, y Él debe ser la respuesta a la primera pregunta inicial: '¿Cómo le hemos hecho para llegar hasta aquí?'

"Me doy cuenta de que todavía estoy lejos de la aceptación de la muerte de mi hijo, y hoy no sé si ese día llegue... Todavía tengo mucho enojo y una frustración gigante por lo que nos pasó.

"Quisiera creer que algún día llegaremos todos a superarlo de fondo, y que en la eternidad nos volveremos a encontrar..."

JUAN CARLOS, papá de Diego

La reconciliación con Dios

"Hoy soy creyente a mi manera, he reconstruido también a mi Dios."

GLORIA, mamá de José Gustavo

·······

"Hoy es diferente, me reconcilié con Dios y con mi vida espiritual. Hoy no profeso ninguna religión, ni voy a la iglesia; mi templo está en mi corazón, en mi casa. Voy seguido al bosque, ahí encuentro a Dios en la naturaleza... Dios para mí hoy es un Dios de amor, de bondad, un Dios sabio que me indica mi camino, que es el de la reconstrucción... Hoy mi relación con él es de respeto y de amor. Me ha ayudado a renovarme."

LETY, mamá de José Pablo y Milly

Con fe, lo pongo y me pongo en sus manos

"Tengo la certeza de que mi hijo está con Él."

LAURA, mamá de Diego

·······

"A Dios encomiendo mis debilidades y mis grandes necesidades, y sé que Él nos da la fortaleza para avanzar... Para mí este proceso es muy diferente si lo atraviesas de su mano, que si lo intentas sobrellevar alejándote de Él."

LAILA, mamá de Anuar

·······

"Hablo con Él, le pido por mi familia y por mí; también le pido mucho por todas las madres que están sufriendo como yo."

LAURA, mamá de Diego

·······

"Cada día agradezco a Dios por el privilegio de haber sido su padre por 43 años."

Luis, papá de Ian

....

"Me he acercado mucho más a Dios y a representantes de la Iglesia para que me ayuden a superar esta pena con sus consejos y sus oraciones."

Laura, mamá de Diego

Otras reflexiones

"No me enojé, pero tampoco me volví fanática."

Carolina, mamá de Pato

....

"No era tan creyente ni sigo siéndolo, pero creo que se necesita un equilibrio, y apegarme a la religión me ayuda."

Galia, mamá de Tamara

....

"El no ser religioso ha sido lo que más me ha ayudado."

Santiago, papá de Tomás y Santiago

....

"No creo en Dios desde hace 18 años, y esto me ayudó a ver el accidente como un accidente, a vivir un duelo profundo, pero pasajero, a aceptar la muerte como el fin de vida de mis hijos, y a buscar una solución que nos ayudará a sobrepasar esta situación."

Santiago, papá de Tomás y Santiago

Para ti, ¿cómo sientes que se ha afectado tu vida espiritual?

_____

_____

_____

_____

_____

_____

_____

_____

_____

_____

_____

_____

_____

_____

_____

_____

6

OTRAS AFECTACIONES NO MENOS IMPORTANTES

La pérdida de mi hijo afectó todas las áreas de mi vida.

LUIS, papá de Ian

....

Perder a un hijo afecta todas las áreas de tu vida, empezando por ti misma, ya que nunca serás como antes. Te cambia la personalidad, la salud, la fe, la vida misma... Te sientes perdida, desprotegida. Por más intenciones buenas que tengas, siempre llegan recuerdos dolorosos que superan tu buena voluntad y tu actitud... Con certeza puedo afirmar que nunca seré la misma que era antes.

MÓNICA, mamá de Pierre

Me quedé con grandes vacíos

"Su pérdida me dejó un vacío insustituible e imborrable que camina junto a mí, sin por ello impedirme a seguir creciendo en mi nueva circunstancia."

LAILA, mamá de Anuar

....

"Durante mucho tiempo sentí la necesidad de tener y amar a un hijo y que éste me amara, y de proporcionarle lo que necesitara."

JOSÉ LUIS, papá de José Pablo y Milly

Afectó mi salud física y mental

"Después de la muerte de mi hijo, mi salud se ha mermado."

LETY, mamá de José Pablo y Milly

....

"Mi salud se afectó mucho... También subí mucho de peso, me dio por comer compulsivamente harinas blancas y dulces."

MARCELA, mamá de Chema y Santiago

....

"No podía superar el saber que mi hijo ya no iba a estar conmigo, y eso me llevó a refugiarme en el alcohol, a buscar a quienes anteriormente me acompañaban a tomar, y esto me llevó a hundirme en el alcoholismo, el cual ya había dejado varios años atrás. Empecé a beber constantemente, y por lo mismo descuidé a mi familia."

JOSÉ LUIS, papá de José Pablo y Milly

....

"Alteró mi sueño, me costó muchísimo trabajo poder conciliar el sueño; apenas me acostaba e intentaba dormir me venían imágenes del accidente, soñaba con él, tenía pesadillas espantosas. Inmediatamente que me acostaba empezaba a llorar sin parar toda la noche, por meses desperté con las almohadas empapadas. Me ha costado mucho trabajo volver a dormir toda la noche, aunque cada vez puedo dormir mejor."

MARCELA, mamá de Chema y Santiago

....

"Después de la muerte de mi hijo, mi concentración y mi memoria se han visto disminuidas, como si unos años de mi vida se hubieran borrado, y me cuesta concentrarme."

LETY, mamá de José Pablo y Milly

....

"Siento que me he vuelto muy lenta y mucho más dispersa que antes."

MARCELA, mamá de Chema y Santiago

La forma de ver la vida cambia

"Su ausencia ha afectado todas y cada una de las facetas que conforman mi persona y mi vida."

LAILA, mamá de Anuar

....

"Todo ha cambiado, pero sobre todo la percepción de la vida."

ANUAR, papá de Anuar

....

"Ahora nada me preocupa, nada me impone, nada me asusta, nada me altera. Muchas de las cosas que antes me importaban ahora me son totalmente indiferentes."

MARCELA, mamá de Chema y Santiago

....

"Nuestro futuro como estaba planeado ya no existe."

ANUAR, papá de Anuar

....

"Tus expectativas cambian, tal vez se aprende a vivir más en el ahora y le temes a planear muy a futuro."

LAILA, mamá de Anuar

....

"Ahora la vida la acepto como pasajera y busco más el disfrutar el día a día y pensar menos en el futuro. Me he vuelto más realista."

MIGUEL, papá de Miguel

....

"Valoramos más lo que poseemos, pensamos más en cuidarlo y disfrutarlo."

LAILA, mamá de Anuar

Me llevó a crecer

"Me ha ayudado a comprender a los pacientes y a sus familiares. Hoy he aprendido a vivir antes de morir, y que la muerte es parte de la vida."

LETY, mamá de José Pablo y Milly

....

"La pérdida dejó al descubierto temas personales que requieren atención y trabajo. Me llevó a trabajar en mí, a enfrentar mis propios problemas, errores, carencias, miedos, culpas e inseguridades... El duelo ha representado una oportunidad para crecer, aunque me duela aceptarlo."

CAROLINA, mamá de Pato

Una reflexión para compartir ———————————

No encontramos mejor reflexión para cerrar este apartado sobre los cambios que genera la pérdida de un hijo que las palabras de Susana Roccatagliata (periodista originaria de Chile, autora del libro *Un hijo no puede morir*, quien perdió a su hijo en 1986; esta situación la impulsó a fundar junto con otras cuatro madres en duelo la corporación Renacer para Padres en Duelo y a escribir el libro antes mencionado):

> El profundo dolor por la pérdida de un hijo nos afecta a los padres para siempre, ya que un hijo es parte de uno mismo, sin importar cuánto tiempo haya trascurrido o cuántos hijos más tengamos [...] A través del sufrimiento pasamos por una nueva escuela de vida [...] Descubrimos que hay otros dolores, otros sufrimientos; aprendemos a dar, a respetar el dolor del otro, a ser más abiertos, más delicados, más humildes, más libres, más tolerantes y menos omnipotentes ante la vida [...] Nuestros hijos muertos nos ofrecen la posibilidad de acceder a un mundo nuevo y a una vida nueva. Ellos son nuestros maestros y a través de ellos podremos liberarnos de nuestras ataduras, de nuestros egoísmos, para renacer con la mirada abierta y con el corazón atento a los que sufren, a los débiles, a los que lloran [...] Abandonarse al dolor hará que nuestra herida quede abierta para siempre. Aprender a vivir con la pena y el dolor es nuestra meta, así como encontrar un sentido al sufrimiento [...] El camino es largo, pero si damos la batalla, nos encontraremos a mitad del camino de nuestra recuperación.

•◊ *Para ti, ¿cuáles fueron los cambios que la pérdida trajo consigo?*

_____

_____

_____

_____

_____

_____

_____

_____

_____

_____

_____

_____

_____

_____

_____

_____

_____

_____

_____

7

LOS GRANDES RETOS

La pérdida es el desafío más difícil que uno enfrenta como ser humano.
DAYANANDA SARASWATI

Así como la vida llega, se va, y eso es algo que está muy lejos de nuestra capacidad de entendimiento.

JUAN CARLOS, papá de Diego

....

Me pregunto qué habré superado ya realmente.

ANUAR, papá de Anuar

Aceptar su muerte, su ausencia

"Sigue siendo difícil aceptar que ella ya no está."

GALIA, mamá de Tamara

....

"Sigue siendo difícil aceptar su ausencia, mi hijo era el motor de mi vida."

MARCELA, mamá de Chema y Santiago

....

"No puedo superar la muerte de mi hijo; mi mente ya lo entiende, pero mi corazón no puede soportarlo, y el dolor ahí está… Lo extraño demasiado."

LAURA, mamá de Diego

....

"La falta que me hace mi niña, su ausencia, es algo que me destroza el corazón."

LUPITA, mamá de María

....

"Sigue siendo difícil aceptar que mi familia de hoy la conforman dos hijos que físicamente están con nosotros y uno más que está cerca, pero en otro plano."

IVONNE, mamá de Mau

....

"Me da un dolor enorme pensar en lo que pudo haber sido su vida y no fue; en todos esos planes futuros que se rompieron con su muerte."

MARCELA, mamá de Chema y Santiago

Una reflexión para compartir ──────────■

"Aceptar" es una palabra fácil de pronunciar, pero difícil de alcanzar. La aceptación es un concepto muy amplio y muy complejo: aceptar que murió, aceptar que se ha ido, aceptar que tendremos que vivir con su ausencia, aceptar que nunca más volverá…

"Aceptar", como sinónimo de admitir, no hace referencia a la "fase de aceptación" descrita por Kübler-Ross, la cual es la última de cinco etapas que se viven en el duelo (negación, ira, negociación, depresión y aceptación). Hoy sabemos que en realidad estas fases no se presentan necesariamente una después de la otra y en ese orden, sino que se superponen, por lo que para iniciar una no es menester superar otra. No obstante, ante una pérdida podemos identificar las reacciones de cada una de las cinco etapas.

La aceptación se empieza a presentar cuando la negación se resquebraja, hecho que sucede poco a poco y por pequeños pedacitos; por lo tanto, también se va aceptando despacio, suavemente y por partes.

El que un padre o una madre en duelo empiece a "aceptar" o a "admitir" la muerte de su hijo o hija sólo indica que queda aún mucho camino por recorrer, porque integrar a su vida esta dura realidad no es nada fácil.

El largo y difícil trabajo de aceptación inicia cuando nuestra conciencia empieza a reconocer que "las cosas han cambiado para siempre" y que "debemos readaptarnos", tal como Kübler-Ross escribió en su último libro —escrito en la etapa final de su vida junto con David Kessler—, titulado *Sobre el duelo y el dolor*.

Allí también refieren los autores que "la aceptación no consiste en que te guste la situación que estás viviendo", y que "ser conciente de ésta no implica haber encontrado la paz".

En este sentido, "aceptar" tan sólo implica reconocer la dimensión de lo perdido, algo tan amplio como profundamente doloroso, sobre todo en el caso de la pérdida de un hijo. "Aceptar" es una meta que se logra de manera lenta y paulatina, hasta que por fin, al cabo de los años, se consigue de forma suficientemente amplia, no necesariamente por completo.

"Aceptar" es tan sólo empezar a recorrer el camino del "intentar": "Intentar vivir en un mundo en el que falta nuestro ser amado", dicen Kübler-Ross y Kessler; intentar vivir con su ausencia; intentar adaptarnos a esta nueva y difícil realidad.

Es importante comentar que el intento no es un camino de subida, con logros cada día; en el intento hay resistencias a avanzar y retrocesos, hay momentos de temor, parálisis e impotencia, hay momentos en que se avanza y otros en los que nos empantanamos.

> " 'Aceptar' yo lo describiría como ir aprendiendo a vivir
> con lo que significa la ausencia física de tu hijo."
>
> LAILA, mamá de Anuar

El pensamiento anterior nos evoca a Alba Payàs cuando habla sobre las características de las diferentes etapas del duelo. De ella, compartimos las siguientes reflexiones:

> Poco a poco te vas reconciliando con lo sucedido, te espera una vida entera sin tu brazo. Nunca habías tenido una conciencia tan amplia de todo lo que éste significaba. Te sientes agradecido con lo que has tenido y vivido en el pasado, y lamentas el futuro que no tendrás. Puedes poner palabras a las cosas que no volverás a hacer o tener. Aceptas lo vulnerable que esta pérdida te deja. Recuerdas todo lo que hacías antes y valoras cada vez más cada una de las experiencias vividas con el brazo. A ratos estás triste y desanimado; otras veces te sientes esperanzado y con muchas ganas de seguir adelante. Vas desarrollando poco a poco nuevos recursos para vivir con su ausencia.

Finalmente, como antes se comentó, empezar a aceptar es la puerta de entrada a un largo camino en el que hay mucho por hacer: hay que desarrollar maneras para integrar esta nueva realidad a nuestras vidas. Cada vez te vas a sentir más fuerte, pero a la vez más empático, sensible y comprensivo con las personas que enfrentan situaciones como la tuya.

Saber que pudo ser distinto

"Pensar que pudo haberse evitado."

MARCELA, mamá de Chema y Santiago

Una reflexión para compartir ━━━━━━━━━━━━━ ■

Reflexiones como la que comparte Marcela, mamá de Chema y Santiago, están presentes en muchos padres y madres en duelo, y están asociadas con importantes sentimientos de culpa que los lacera a diario, los paraliza y los llena de gran angustia, impotencia y desesperación.

El sentimiento de culpa nos puede atrapar en lamentaciones en torno a lo que no hicimos, no dijimos, no previmos; nos puede empantanar en pensamientos repetitivos sobre lo que hubiéramos podido hacer o decir de forma diferente.

Las lamentaciones son parte de las respuestas esperadas ante una pérdida significativa, y por supuesto más aún cuando el que murió es nuestro propio hijo; pero cuando éstas son excesivas y no ceden, pueden estar siendo utilizadas por nosotros, por nosotras, como arma eficaz de tortura autoinflingida (nos castigamos a través de los constantes reproches, como única manera en la que merecemos seguir con vida).

En algunos casos, la culpa puede llevar a un padre o una madre a castigarse de tal manera que ponga en riesgo su vida, sean concientes o no del deseo de dañarse tan gravemente.

El hecho es que eximirnos de toda culpa es imposible cuando se trata de un hijo o de una hija, porque su existencia en general está íntimamente ligada a la nuestra, y porque nos sentimos responsables (y la sociedad así nos lo exige también) de protegerlos, cuidarlos, guiarlos, darles herramientas para enfrentar la vida y hacer lo conducente para que tengan una vida larga y plena.

La inevitable aparición de grandes sentimientos de culpa cuando es un hijo o una hija quien muere, y lo riesgoso que resulta tanto negarla como no limitarla, así como permitir que la culpa nos acorrale y asfixie, Elisabeth Lukas propone que no intentemos liberarnos de toda culpa, sino que admitamos el grado real de responsabilidad, reconozcamos aquello que pudimos haber hecho diferente y permitamos que estas reflexiones nos lleven a convertirnos en mejores personas.

Pero admitir el grado real de responsabilidad también implica aceptar que lo que nos lleva a actuar de determinada manera en la vida es el resultado de múltiples factores presentes y pasados, internos y externos, sobre muchos de los cuales no tenemos conciencia real y control.

En este sentido, es importante que nos permitamos ser justos y compasivos con nosotros mismos, que analicemos la verdadera magnitud de nuestra responsabilidad en lo sucedido, aprendamos lo que haya que aprender al respecto, nos perdonemos por lo que no estaba en nuestras manos y aceptemos que no somos omnipotentes ni omnipresentes, que nuestra capacidad de control es limitada, que la vida es más frágil, imprevisible y azarosa de lo que deseamos que fuera.

Miedo y profunda inseguridad

"La inseguridad que me dejó su muerte se ve reflejada en todo… No me gusta estar sola."

LAURA, mamá de Diego

....

"Hoy en día sigo luchando con una agobiante desconfianza, con el temor constante de que algo pueda sucederme a mí o a mi familia."

LAILA, mamá de Anuar

"Tengo pánico de que se me muera otro hijo… Me preocupa que se enferme mi esposo o alguno de mis hijos."

LAURA, mamá de Diego

....

"Cada vez que mi hijo sale por la noche, lloro desde que se va hasta que regresa, pienso en que algo le puede pasar… Me volví más miedosa de lo normal, tengo pavor de que les pase algo a mis otros dos hijos. Si suena el teléfono y ellos no están, siento escalofríos."

MÓNICA, mamá de Pierre

....

"Tengo que aprender principalmente a dominar el miedo y la preocupación que me causa cualquier contrariedad que sucede, especialmente en torno a la vida de mi hija… Temo que un imprevisto de cualquier índole pueda desencadenar algo mayor… El miedo de que algo más pueda suceder me brota espontáneamente. Lo trato de controlar, me pongo en oración y en manos de Dios, pero prevalece la angustia, y es que cuando crees que tu vida es muy plena y todo está en su lugar, en un instante todo puede cambiar… Sé que tengo que trabajar más en fortalecer mi confianza."

LAILA, mamá de Anuar

Una reflexión para compartir ————————————■

El duelo es un proceso que requiere de paciencia, en donde el desafío consiste en tratar de vencer el miedo a enfrentar el miedo, y en encontrar nuestro equilibrio.
MARCELO RITTNER

Los miedos y la profunda sensación de inseguridad son el resultado del sentimiento de indefensión que deja la muerte de un hijo. Estas sensaciones son terribles, pero normales y naturales en este contexto.

Estas reacciones nos hablan de que la gravedad de la situación vivida rebasó toda nuestra capacidad de hacer frente a situaciones difíciles o adversas, y nos dejó en una condición de total vulnerabilidad emocional.

Es importante señalar que "vulnerabilidad" no es sinónimo de "debilidad", porque se necesita ser fuerte para reconocernos vulnerables, y más aún para aprender a sobrellevar dicha condición.

Sucesos de esta magnitud inevitablemente fracturan en el ser humano todo sentimiento de seguridad y de confianza; pero conforme pasa el tiempo vamos sintiéndonos más fuertes y menos indefensos, el miedo y la angustia empiezan a ceder, aunque no necesariamente van a desaparecer, o tardarán tiempo (meses, años) en hacerlo.

Las secuelas emocionales son inevitables ante acontecimientos tan desestructurantes; son como cicatrices o pequeñas discapacidades psicológicas que, en su mayoría, remiten con el paso del tiempo, aunque algunas no lo hagan. Sin embargo, podemos comprenderlas y controlarlas.

El éxito en esta tarea depende en mucho de la capacidad que tengamos de ser comprensivos, justos y amorosos con nosotros mismos; esto es, el temor que vive una persona cuyo hijo falleció tiene su origen en dolorosas vivencias del pasado y en hipótesis del futuro que le llevan a pensar que puede volver a perder a un ser amado; pero ese pensamiento no sólo paraliza, también coarta toda libertad y limita la posibilidad de poder vivir y disfrutar el presente.

Creo que he podido superar su partida

"Creo que ya he podido terminar el duelo por la muerte de mis hijos; hablar de ello ante las demás personas me ha ayudado enormemente. Ya no experimento el sufrimiento que en otros años sentía, y el dolor ha ido desapareciendo. Hoy guardo su recuerdo dentro de mí y ya no me siento solo; aun sabiendo que ya no los tengo físicamente conmigo, tengo la plena seguridad de que espiritualmente ellos me acompañarán siempre…

"Los pienso y extraño, sueño que me hablan y juegan conmigo. A la mañana siguiente recuerdo un poco del sueño que tuve, y entonces lloro al recordarlos, pero de inmediato sonrío y pasa, ya que tengo la plena seguridad de que estén donde estén, Dios se encarga de que no les haga falta nada."

José Luis, papá de José Pablo y Milly

"Creo que, a veintitrés años de la muerte de mi hijo y a cuatro años de la muerte de mi hija, está superado mi duelo por los dos, sin que deje de recordarlos y extrañarlos… Los tengo bien colocados en un lugar en mi corazón y su esencia siempre la llevaré conmigo."

Lety, mamá de José Pablo y Milly

Para ti, ¿qué sigue siendo difícil superar?

_____

_____

_____

_____

_____

_____

_____

_____

_____

_____

_____

_____

_____

_____

_____

_____

_____

_____

_____

8

¿QUÉ ME FALTA APRENDER PARA VIVIR CON ESTA REALIDAD?

Tengo que trabajar más en lograr mi estabilidad económica y mi equilibrio emocional. Tengo que fortalecerme más para mirar al futuro con confianza y vivir a plenitud.

MARCELA, mamá de Santiago y Chema

Lograr la aceptación

"Trabajo día a día en la aceptación."

PALOMA, mamá de Álvaro

....

"En la aceptación, siento que sigo viviendo una pesadilla."

GALIA, mamá de Tamara

....

"La aceptación de la pérdida es un proceso que requiere tiempo."

IVONNE, mamá de Mau

Una reflexión para compartir ─────────────■

Como comentamos en el capítulo anterior, la aceptación es el resultado de un proceso lento, paulatino, lleno de duros retos, resistencias a avanzar e inevitables retrocesos, en el que se van logrando poco a poco pequeñas conquistas. Lo importante es no claudicar, seguir en el intento. Aceptar no disminuye el dolor, pero sí la angustia e intranquilidad; aceptar trae consigo paz.

Poder hablar de mi hijo o de mi hija
sin que la tristeza me invada

"Poder hablar de mi hijo, no sólo de cosas simpáticas o banales de su existencia, sino de aspectos más de fondo, sin caer en una tristeza profunda."

JUAN CARLOS, papá de Diego

228

Una reflexión para compartir ───────────■

Las emociones que emergen vinculadas a los recuerdos pueden ser muy lindas, y otras inevitablemente dolorosas. Una de las emociones que más se presenta cuando se evoca el recuerdo del ser querido es la tristeza, misma que probablemente se expresa a través de silencios, deseos de estar solo o con lágrimas, entre otras. No evitemos o evadamos este sentimiento, tan sólo recordemos que sentir tristeza también es una forma de hacer un homenaje al amor.

Superar la tristeza sólo es posible cuando dejas de pelear con ella y empiezas a confiar en que, poco a poco, no será la tristeza la emoción que se privilegiará a la hora de evocar a ese hijo o hija, sino que habrá otras hermosas emociones que invadirán tus recuerdos.

Cuando evocamos la existencia del ser amado, le vuelve a dar calor a nuestra vida; cuando evocamos, nuestra alma se afina para la melodía más profunda y sincera que nuestro corazón puede crear, una melodía suave y tierna. Evocar es como abrir un baúl, en el que los recuerdos y las imágenes van apareciendo y vuelven a emocionarnos.

MARCELO RITTNER

Entender que la vida es así

"Entender que la vida es así, que tenemos algo que no es nuestro y debemos amarlo, disfrutarlo, cuidarlo, porque en cualquier momento podemos perderlo… Uno debe aceptar que todos estamos en el mismo plano y nos puede suceder a cualquiera de nosotros una tragedia, la cual te cambiará la vida para siempre."

LUPITA, mamá de María

Reaprender a darle sentido a la vida

"Trabajar en aprender a darle un significado a la vida y a la muerte de mi hijo."

CAROLINA, mamá de Pato

··

"Aprender a valorar lo que se tiene, y no dejar que lo que no se tiene lo anule."

JUAN CARLOS, papá de Diego

Una reflexión para compartir ━━━━━━━━━━■

Todo tiene un sentido. Así como lo tiene la vida, también lo tiene la muerte; pero ante ciertas circunstancias de la vida nos es más difícil entender el sentido de morir, como cuando se ha perdido a un hijo o una hija.

No nos forcemos a entender algo que no nos es posible comprender, ni lo deseamos en este momento; mejor avancemos en reencontrar el sentido de vivir. Tarea nada fácil, y más cuando se tiene tanto dolor y tan poco deseo y energía para enfrentar la vida.

Un recurso útil, propone Santiago Rojas Posada, es preguntarnos para qué vivir. Seguramente las respuestas nos llevarán a encontrar el sentido de fondo, un propósito profundo detrás de cada acto de vida. Probablemente esta pregunta no tenga respuesta alguna en un principio, pero al pasar de los días seremos más capaces para darle respuesta. El autor recomienda empezar por encontrar un sentido a cada nuevo día al despertar, uno que nos obligue a salir adelante. Este motivo pequeño e insignificante puede ser el primer paso para un motivo mayor.

Este pequeño sentido para seguir un día más puede ser: arreglar trámites, pedirle perdón a nuestra hermana porque hemos sido intolerantes, llevar a nuestro otro hijo al médico, acompañar a nuestra pareja en su difícil día de cumpleaños (debido las circunstancias en las que estamos inmersos), acudir a la graduación de nuestra hija, agradecer a nuestra amiga su apoyo incondicional, participar en el homenaje a nuestro hijo…

Un motivo nos llevará a otro, y así, paulatina e imperceptiblemente, nuestra vida irá teniendo más *para qués*.

Recuperar la capacidad de valorar y disfrutar la vida

"Volver a encontrar el entusiasmo de vivir."

JUAN CARLOS, papá de Diego

....

"En el poder disfrutar el máximo de tiempo con mi familia, cada día, plenamente."

LUIS, papá de Ian

....

"Poder ponerte a bailar si la música te llama, sin sentirte culpable por ello."

JUAN CARLOS, papá de Diego

Una reflexión para compartir ─────────■

Es importante intentar hacer cosas que antes nos motivaban, aunque en este momento no nos despierten ningún gusto o agrado; permitirnos poner atención a los aspectos de la vida pasada que generaban algún tipo de gozo, alegría o tranquilidad, nos dice Rojas Posada. Hacer algún deporte, salir a caminar por la mañana, regresar a la actividad laboral que nos hacía sentir plenos, y en la que estamos rodeados de personas a las que les importamos, retomar la pintura, ver a nuestras amistades, etcétera. Esos recursos valiosos y fortalecedores del pasado poco a poco volverán a serlo en el presente.

Seguramente en este momento se preguntarán: "¿Y qué pasa con esas actividades que me vinculaban con mi hijo, que me lo recuerdan y que llevarlas a cabo me resulta intolerable por el dolor que me generan?" La respuesta está en elegir por dónde empezar, qué actividades retomar; es un hecho que todo lo que hagamos va a estar matizado con el recuerdo de quien ha partido, pero habrá actividades que estén menos impregnadas de dolor.

Un buen soporte es buscar a personas queridas que nos ayuden a retomar esas actividades... A retomar la caminata matutina, a acudir a la primera cita de trabajo después de lo sucedido, que pasen por nosotros para ir a la clase o a la actividad deportiva. Como en párrafos anteriores comentábamos, la clave es poder ser muy justo y comprensivo con uno mismo, no forzarse, respetar nuestro ritmo y energía, y sobre todo pedir ayuda si lo requerimos. Seguramente habrá personas a las que les importamos que estén dispuestas a acompañarnos y ayudarnos a dar el paso.

Recuperarme a mí mismo

"Continuar trabajando conmigo mismo, conocerme más para así poder enfrentar la vida con verdadero realismo que me lleve adonde yo quiero, que es ser realmente feliz conmigo mismo, y si lo logro estando al lado de mi querida esposa, mucho mejor."

José Luis, papá de José Pablo y Milly

....

"Necesito seguir trabajando conmigo misma para reafirmar lo que valgo y lo que soy... Yo valgo por lo que soy, no disminuye mi valor el que ya no soy madre o el hecho de que ya no tenga hijos. Hoy estas experiencias vividas me dan valor y fortaleza para ayudar a los demás en la misma situación."

Lety, mamá de José Pablo y Milly

Ya aprendí a vivir con esa realidad

"Creo haber aprendido a vivir con esta realidad; sin embargo, practicar cada día la tolerancia a la frustración no está de más."

GLORIA, mamá de José Gustavo

....

"Ya aprendí a vivir con el hecho de que mi hijo murió. Sé que no pude y no puedo cambiar las cosas, pero no por eso me duele menos. También sé que el dolor será mi eterno compañero; en algunos momentos será menor y en otros será paralizante, pero siempre estará en mí, y no puede ser de otra manera. Chema es mi hijo adorado y siempre estaré muy orgullosa de haber sido su madre."

MARCELA, mamá de Chema y Santiago

➻ *Y a ti, ¿qué te toca lograr para aprender a vivir con esta realidad?*

_____

_____

_____

_____

_____

_____

_____

_____

_____

_____

_____

_____

_____

_____

_____

_____

_____

_____

CINCO PALABRAS PARA ESCUCHAR
Y PRONUNCIAR

· ·

Cada vez que debo dirigirme a personas enlutadas, siento cierta preocupación, responsabilidad, porque al escribir imagino ver sus rostros, y me doy cuenta de a quién me estoy dirigiendo.

Así que siempre me pregunto: "¿Qué puedo decir que sea apropiado, que sea de ayuda, que asista en curar el dolor que veo ante mí?". No tengo respuestas sencillas y elocuentes para su dolor.

No seré tan tonto o tan presuntuoso como para recitar los clichés que frecuentemente se pronuncian en la presencia de los enlutados, palabras como: "El tiempo lo cura todo" (el tiempo no lo curará); "¿Qué edad tenía?" (¿qué diferencia hace cuántos años tenía?); "Sé cómo te sientes" (no, no sabes cómo me siento). Todas las expresiones de cajón, todos los consuelos que damos, suenan superficiales.

Así que ¿qué puedo decir?, ¿qué puede decir cualquier persona en el momento del dolor que sea de ayuda para aquellos que han sufrido alguna pérdida? Quisiera saberlo. Quisiera poder mover una varita mágica o pronunciar alguna fórmula secreta que pudiera sanar nuestro espíritu. Pero si existe esta varita, o si hay una fórmula secreta de este tipo, no las conozco. Desearía que no fuera así.

Lo que puedo decirles es que, a lo largo de mis años de trabajo pastoral, he aprendido *cinco* palabras, que yo siento contienen algún alivio, cierta sabiduría y algo de guía. Las aprendí de tanto preguntarme sobre esta cuestión, sobre qué decirle a la gente que está sufriendo, qué decir en esos momentos en la vida cuando no hay nada que decir. Y quiero compartirlas con ustedes.

Yo creo que en el momento de una tragedia no hay fórmulas, no hay palabras, no hay curas rápidas, pero hay cinco cosas que podemos y debemos hacer.

La primera es *llorar*. No todos necesitan llorar, y si éste es el caso contigo, también está bien. Si puedes hacerlo, es una gran bendición. Dios creó las lágrimas por algo. Tienen el poder de expresar lo que las palabras no pueden, así que está permitido llorar. Es como una forma de purificar el alma. Con frecuencia, llorar es algo bueno y curativo. En los momentos de oscuridad de nuestras vidas es normal, natural y bueno llorar. Si lo hacen, no dejen que nadie les diga que tienen que ser fuertes, o que no tienen permitido llorar, porque si lo hacen van a espantar a los niños, con la posibilidad de que pierdan la capacidad de conmoverse.

Recuerdo que fui a un funeral donde los ojos de una viuda se veían turbios y parecía estar catatónica. Y le pregunté a los hijos por qué se veía tan desconectada. Ellos me respondieron que le pidieron al médico que la sedara, para que no arruinara la dignidad del funeral con su llanto. La fui a visitar unos días después y me preguntó si había estado en el funeral o no. No recordaba nada. Debo decirles que esa mujer tenía todo el derecho de arruinar la dignidad del servicio. Había perdido a su pareja, después de 53 años de matrimonio. ¿Por qué no había de permitírsele llorar? ¿Dónde se nos ordena a mantenernos fuertes? Pienso que la primera cosa que debemos hacer cuando nuestro corazón se rompe es llorar, así que no dejen que nadie les diga que hacerlo no está bien.

La segunda cosa que debemos hacer en un momento de pérdida es *esperar*. Digo esto no sólo en el sentido práctico, pues es obvio que uno no debe tomar decisiones importantes, como dónde vivirá o si venderá la casa de inmediato, mientras está en caos. Me refiero a esperar en sentido espiritual. Cuando la vida te tira de un golpe, espera.

Como dice el Salmo 27: "Espera en el Señor, anímate y sea esforzado tu corazón, y espera en el Señor". Creo que son palabras sabias las del salmista, porque en este mundo no hay ninguna cura instantánea. Cuando recibes un golpe desgarrador, no esperes recuperarte rápidamente. Toma tiempo. Cuando perdemos a un ser tan querido como una hija o un hijo es como si sufriéramos una amputación; por consiguiente, debes darte algo de tiempo.

No creas que hay algo mal en ti si de repente te pones a llorar a medio día sin motivo alguno. Tómate tu tiempo y espera, espera a que llegue la curación, porque llega, suavemente, gradualmente, casi imperceptiblemente, pero llega.

La tercera cosa que hay que hacer, después de llorar, después de esperar, es *caminar*. Nadie espera que puedas caminar después de un golpe, pero después de un tiempo debes poder caminar de nuevo. ¿Qué es lo que dice el profeta Isaías?: "Quienes confían en el Señor caminarán y no desmayarán". ¿Y qué es lo que se dice en los Salmos?: "Aunque camine por el valle de la sombra de la muerte, no temeré".

No tienes que correr, no tienes que participar en un maratón. A veces, simplemente colocar un pie frente al otro es un gran logro. Así que después de llorar, después de esperar, camina. Da unos cuantos pequeños pasos de regreso al mundo.

La cuarta cosa que hay que hacer después de una pérdida es *trabajar*. Vuelve a trabajar y haz algo de trabajo voluntario. Algo increíble sucede cuando haces trabajo voluntario. Cuando te das cuenta de cuánta otra gente siente dolor, cuando te das cuenta de que tienes el poder de hacer una diferencia en sus vidas, en cierta forma esto coloca tu propio dolor dentro de otra perspectiva.

A veces la única forma de curar nuestro dolor es ayudando a otros que nos necesitan. Así que la cuarta cosa que tenemos que hacer en el momento de nuestro dolor, después de que hemos llorado, después de que hemos esperado, después de que hemos caminado, es trabajar.

Y la última cosa que debemos hacer es *observar*. Necesitamos mantener nuestros ojos, oídos, mentes y corazones abiertos para que podamos apreciar las formas en que Dios nos envía el consuelo, puesto que no nos ha abandonado. Él nos envía todo tipo de mensajeros y todo tipo de mensajes; si tan sólo los notáramos. Los amigos que llegaron desde lugares tan lejanos para acompañarnos en el funeral fueron mensajeros de Dios. La gente que se ha tomado el tiempo para escribirnos una tarjeta o una carta, o que se tomó el tiempo para llamarnos y visitarnos son mensajeros de Dios. Es posible que haya más mensajeros de Dios de los que nos damos cuenta.

Hay un cuento, atribuido al escritor ruso Ivan Turgenev sobre un hombre llamado Iván, quien recibe un mensaje de que Dios lo va a visitar al día siguiente. Así que se despierta temprano y se sienta junto a la ventana a esperar a Dios. Llega un hombre pobre que pide su ayuda, y él le dice que se vaya: "Vete, no tengo tiempo para dedicarte. Estoy esperando que Dios venga hoy". Llega una mujer enferma y le pide que la ayude, pero él la hace irse: "Vete, no tengo tiempo para ti hoy. Estoy esperando a Dios, que me prometió visitarme hoy". Llega un extraño que le pide ayuda, y él le dice que se vaya: "Vete, no tengo tiempo que dedicarte. Estoy esperando a Dios, que me prometió venir hoy". Al final del día, no ha sabido nada de Dios. Así que se va a dormir decepcionado. En medio de la noche, Dios le habla y dice: "¿Acaso no dice en tu Biblia: 'El que reciba al más insignificante de entre mi gente, no es como si me hubiera recibido a Mí'?" Iván se da cuenta, demasiado tarde, de que Dios se le apareció al menos tres veces: como un hombre pobre, como una mujer enferma y como un extraño.

Todos nosotros somos un poco como ese campesino.

Mientras esperamos una respuesta a lo que nos sucedió, una palabra de Dios, Él nos envía mensajeros cada día. La noche, la mañana y la tarde: cada una es una mensajera de Dios, pero como las vemos con tanta frecuencia, realmente no las percibimos; lo mismo pasa con nuestros seres queridos, o los abrazos sentidos. Yo creo que Dios envía mensajes y lecciones de las cuales debemos aprender todos los días. Sólo tenemos que estar al pendiente, verlo, buscarlo, realmente observar, y cuando vengan los reconoceremos.

Así que, amigas y amigos, éstas son las cinco palabras que les ofrecería en este día de dolor. Lloren, esperen, caminen, trabajen y observen. Espero que estas palabras sean una fuente de guía y de consuelo para ustedes, para mí y para todos los que vivimos unidos por un dolor compartido.

Son palabras sencillas, lo sé. No son palabras complicadas, filosóficas, teológicas o psicológicas. No son palabras largas, del tipo que busca impresionar con el vocabulario del orador. Son cinco sencillas palabras. Pero recíbanlas como mi regalo el día de hoy. Que cada uno de nosotros, que debe caminar a través del valle de las sombras y la muerte en algún momento de nuestra vida, sepa esperar, lo logre y llegue al otro lado. Que no quedemos paralizados por nuestro dolor ni nos quedemos atorados en el valle, sino que podamos continuar moviéndonos y caminar, sin correr. Porque nadie puede correr a través del valle de las sombras y la muerte. No hay manera de volar o saltar sobre el valle, pero podemos caminar a través del valle con Dios a nuestro lado. Incluso ahí, incluso entonces, deseo que podamos llorar y esperar y caminar y trabajar y observar.

No podemos negar que el llanto tiene un lugar en nuestra vida. Entra y se queda, especialmente durante la noche, pero en la mañana eventualmente nos deja. Lentamente, en silencio, imperceptiblemente, el llanto se escabulle por la puerta. Gradualmente disminuye, hasta que llega el día en que nos damos cuenta de que ya no es nuestro compañero, y nos preguntamos: "¿Adónde se fue? ¿Cuándo se fue?" Y en la mañana hay dicha. Una dicha diferente a la que teníamos antes de nuestra pérdida. No es una dicha superficial, ruidosa, atarantada, sino de otro tipo, más profunda, tranquila; el tipo de dicha que llega después de llorar, después de caminar, después de trabajar y después de observar y comprender la bondad de Dios y la bondad de los seres humanos.

Que todos los que hemos atravesado los momentos de noche en nuestra vida lleguemos a la etapa cuando el luto le da lugar a la mañana, la etapa cuando nuevamente podemos elevar la cabeza y recordar a aquellos que hemos perdido, puesto que nunca, jamás, debemos olvidarlos. La etapa cuando podemos recordarlos como bendición y agradecerle a Dios que los hayamos tenido, no importa el tiempo que estuvieron junto a nosotros. Cinco palabras para que cada uno de nosotros escuchemos y pronunciemos.

MARCELO RITTNER

9

EN BÚSQUEDA DE LA PAZ INTERIOR

O en la paz razonable.

GLORIA, mamá de José Gustavo

....

Esa paz interior es lo que más necesito.

CAROLINA, mamá de Pato

Reflexiones sobre la paz interior

"Yo entiendo que siempre habrá situaciones, hechos y circunstancias que nos causen temor o desconcierto, que nos resten paz interior. Siempre esperamos a que cumpliéndose o resolviéndose tal situación lograremos por fin la paz, pero en mi opinión no es un 'algo' lo que nos va a dar paz interior...

"La paz se encuentra cuando auténticamente perdonamos y aceptamos con agradecimiento lo que la vida nos permite ser y tener. Para mí la paz es resultado o consecuencia del deber cumplido, esto no te quita el dolor ni la pena, pero sostiene tu casa interna en paz el saber que hiciste lo que debías y te correspondía, en todos los casos. Sé que siempre habrá luz y sombras en nuestra vida, y debemos aprender a compensar... Una misión en extremo difícil de asimilar."

LAILA, mamá de Anuar

Ahora dudo en volver a vivir con paz y tranquilidad

"Para recuperar la paz interior, sólo necesitaría morirme."

MÓNICA, mamá de Pierre

....

"Dudo mucho que pueda volver a vivir la paz y la tranquilidad, así como la certeza de ir por el camino correcto que tenía antes de la partida de Tito... ¿Se puede alcanzar la paz con tan grande vacío?"

ANUAR, papá de Anuar

Fuerza interior

"Necesito sacar las fuerzas que sé que tengo en algún lugar."

LUPITA, mamá de María

Aprender a vivir sin su presencia física

"Sólo me trae paz el aprender a vivir sin ella físicamente, porque sé que la llevo dentro de mí y siempre está conmigo de otra forma, en un plano espiritual. Pero falta lo físico, el apapacho."

LUPITA, mamá de María

Aceptar que ya no hay alguien que me necesite como papá o mamá

"Me ayuda a recuperar la paz el renunciar a la idea de que alguien me quiera y me necesite como papá."

JOSÉ LUIS, papá de José Pablo y Milly

Tiempo

"El paso del tiempo ha probado ser una gran ayuda. La tristeza sigue, pero no la intensidad del sufrimiento."

MIGUEL, papá de Miguel

Amor

"El amor en general siempre ayuda."

GLORIA, mamá de José Gustavo

Ayudar a los demás

"Ayudar a los demás y tener mi mente ocupada me da paz."

GALIA, mamá de Tamara

....

Trabajo espiritual

"Sentir a Dios en mi corazón."

PALOMA, mamá de Álvaro

....

"Para mi paz interior necesito abandonarme en Dios; estoy segura de que el día que realmente lo haga estaré más tranquila, pero no me ha llegado aún ese momento."

LAURA, mamá de Diego

....

"Recuperar la tranquilidad de mi espíritu sabiendo que mi hija está en algún lugar mejor, esperándome, apartándome un lugar cerca de ella para ya no separarnos nunca más."

LUPITA, mamá de María

....

"Aprender más de la Palabra de Dios y depender más de Él en todas las áreas de mi vida… Practicar la meditación y la oración, así como ejercitar más la fe que tengo depositada en Dios."

JOSÉ LUIS, papá de José Pablo y Milly

Al cabo del tiempo, la he logrado

"Creo que la tengo."

SANTIAGO, papá de Tomás y Santiago

....

"Yo creo que, a casi cinco años de haber ocurrido la muerte de mi hijo, me parece que he alcanzado, en buena medida, la paz interior. De algún modo, a pesar de estar sola gran parte del tiempo, he encontrado que puedo disfrutar de las cosas que hago y de la vida que estoy viviendo.

"Hoy la tengo… ¿Qué necesité? Aceptar. Así de fácil, aceptar la realidad. Además de estar más conmigo, sentirme, saber que estoy viva, mirar a los ojos a mi hija y saber que me necesita… Reconciliarme con la vida, conmigo misma y con mi esposo; soltar y dejar ir."

LETY, mamá de José Pablo y Milly

....

"Hoy vivo con paz interior."

IVONNE, mamá de Mau

....

"Hoy tengo paz interior, cumplí como madre, les di lo que pude con amor y por amor, y eso me da paz… Estoy en paz."

LETY, mamá de José Pablo y Milly

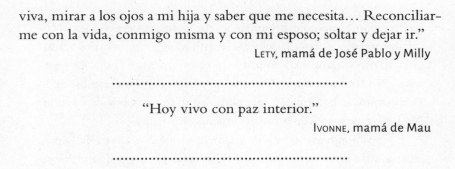

Una reflexión para compartir ─────────────■

Ni tu peor enemigo puede hacerte tanto daño como tus propios pensamientos.
TENZIN GYATZO, Dalai Lama

En efecto, no hay peor enemigo de la paz interior que nuestros propios pensamientos: nuestros autorreclamos y autoexigencias, tratarnos con dureza y severidad, ser poco considerados con nosotros mismos, no perdonarnos, no permitirnos recuperar la serenidad, vivir llenos de rabia y frustración, u obligarnos a permanecer en un estado de profunda tristeza.

Nosotros somos los únicos que podemos ayudarnos a encontrar la paz, porque somos los únicos que nos podemos dar el permiso para sentirla. Si bien es cierto que el juicio social puede ser muy duro y trastocar nuestra paz interior, en la mayoría de los casos somos nosotros mismos quienes le damos poder y fuerza a ese juicio exterior, quienes consideramos que no hicimos lo suficiente como padres, que fallamos, que no estuvimos, no cuidamos, no previmos... Nosotros somos nuestros más grandes torturadores y principales verdugos: ¿tuvimos errores como padres o como madres? Todos los tenemos. ¿No les expresamos nuestro amor tanto como debíamos? Se lo expresamos de la forma en que pudimos. ¿Dios nos está castigando? No lo hagamos a Él nuestra herramienta de tortura.

Éstos son algunos de los pensamientos que nos alejan de la paz, así como no permitirnos reír, convivir, recibir amor, soltar el enojo, etcétera. La serenidad no es el resultado de la certidumbre ni de la completud (estar intacto, íntegro, sin pérdida alguna), mucho menos de la perfección, el control, la felicidad o el éxito.

La paz interior es como una suave sábana de seda que nos abraza y nos contiene, que nos arropa y nos da calma. La paz interior es una cobija que nos merecemos.

No hay un tiempo en el duelo para lograr la paz interior y no hay un camino. Hay un proceso que nos lleva a encontrarla, en el que la autorreflexión, la autocompasión y nuestra mirada justa y amorosa juegan un papel esencial.

Nadie nos puede otorgar el permiso de sentir paz más que nosotros mismos, ni nuestros padres, ni un psicólogo, ni nuestros guías espirituales. Nadie puede quitarnos de encima la "espada de Damocles" más que nuestra propia mano compasiva y amorosa. Inténtalo, eso no disminuye el dolor, pero sí nos permite sobrellevarlo de una mejor manera.

Y a ti, ¿qué te falta para lograr la paz interior?

_____

_____

_____

_____

_____

_____

_____

_____

_____

_____

_____

_____

_____

_____

_____

_____

_____

_____

10

HACIENDO UN BALANCE

Mi mente todavía te habla
y mi corazón todavía te busca.
Pero mi alma sabe
que estás en paz.

¿EN QUÉ MOMENTO ME ENCUENTRO HOY?

No tengo más opción que seguir adelante

"En un momento donde sigo viva porque simplemente no tengo otra opción. Amo con todo mi corazón a mis otros dos hijos, y por ellos estoy aquí y trato de seguir adelante de la mejor manera posible."

MÓNICA, mamá de Pierre

Sensaciones confusas

"No sé cómo explicarlo, no sé en qué momento estoy... A veces me siento como un disco al que le pongo *play* y hace lo programado... Otros son más difíciles; por ejemplo, al escribir esto, estoy sufriendo... No sé en qué momento se podrá decir que estoy."

GALIA, mamá de Tamara

Apatía, miedo a encontrar la paz

"Estoy en un momento en que no me importa lo que piensen los demás, me da lo mismo hacer un viaje o no, una salida o no... Bastante apática diría yo. Si me invitan, salgo; si no, me da lo mismo. Estoy esperando que pasen los días para estar con mi hija, pero al mismo tiempo reconozco que tengo que seguir adelante y esforzarme por rehacer mi vida y pegar los pedazos rotos de mi corazón, aunque quede remendado.

"Parece que estoy bien, aunque muchas veces no lo estoy, pero los demás no lo saben… Me da miedo estar bien."

LUPITA, mamá de María

Caminando…

"Aún en el camino, pero no estancada."

CAROLINA, mamá de Pato

Reencontrarse con el camino

"Me siento bien, pero seguimos en la gran tarea de salir adelante como familia, intentando reencontrar el camino de la felicidad y la tranquilidad."

MIGUEL, papá de Miguel

Generosidad

"Mi vida hoy es tranquila. Creo que he logrado con mucho trabajo personal estar mejor, empezar a dar a los demás, pues muchos meses no lo hice; sólo podía sobrevivir día con día."

LAURA, mamá de Diego

Asimilando la nueva realidad

"De alguna forma, poco a poco, vamos entendiendo la nueva realidad, vamos viviendo lo que nos toca vivir… Siempre tengo presente su ausencia, pero cada día es más llevadera."

ANUAR, papá de Anuar

Autotrascender y encontrar sentido a la vida

"A pesar de mi enojo, de mi apatía y de que estoy convencida de que lo que pasó no fue justo, he podido salir de ese ser encerrado para ser el ser humano que quiero. Quiero autotrascender al compartir mi tiempo, al dar de mí, consolar y acompañar a alguien más. Ésa es mi labor como directora de la Casa Hogar, dirijo mi atención a hacer algo por el otro… Pudiendo dedicarme a hacer cosas exclusivamente para mí, decidí dedicarme a trabajar con personas que quizá nunca me van a agradecer el tiempo que yo les dedico y la preocupación que siento por ellas. Con lo que yo hago por esos pequeños seres que no tenían la mínima culpa de lo que les había pasado en la vida, crezco, autotrasciendo y voy poco a poco encontrando sentido a mi vida."

Raquel, mamá de Jaim

Recuperar la alegría de vivir

"Estoy en el inicio de un nuevo ciclo en el que pongo todo de mi parte para recuperar la alegría de vivir. A mi hijo lo que menos le gustaría es saber que yo esté sufriendo por él. Además, si estoy viva es porque aún me quedan muchas cosas por hacer."

Paloma, mamá de Álvaro

Disfrutando cada día más

"Pudiendo disfrutar más algunas cosas con mis hijos, mi marido, la familia… Cada día puedo disfrutar más de todo eso, pero no hay un día que no derrame lágrimas por su partida."

Galia, mamá de Tamara

Lidiar con el corazón roto

"El dolor se hizo parte de mí, mi corazón se rompió y así se quedó. He aprendido a lidiar con el corazón roto…

"Hoy vivo con esta realidad, mi hijo vive junto a mí; le hablo, lo recuerdo y lo pienso todos los días de mi vida. Él es mi motor, él me enseñó a disfrutar la vida, a reír y a valorar cada instante de felicidad y a darle la dimensión correcta a los problemas cotidianos.

"No entiendo por qué ni para qué me tocó vivir esta gran pérdida, pero hoy creo que los planes de Dios son perfectos y seguro Dios lo necesitaba junto a él; su tiempo y su misión acabaron en esta vida. Lo único seguro que tengo es que algún día me reencontraré con él y con esa ilusión vivo mi sueño diario.

"Hoy vivo feliz y plena, me reencontré con mi pareja, tenemos una relación de mucho respeto, vivimos al límite cada emoción que la vida nos regala, y nuestros hijos son lo más preciado y hermoso que tenemos."

IVONNE, mamá de Mau

Celebrar la vida

"Seguimos valorando, disfrutando y celebrando la vida, tal vez con mucha más conciencia que antes, pero ya todo es diferente. Agradezco a Dios el privilegio de haberlo tenido… Siempre nos hace falta.

"Soy muy consciente y agradezco profundamente las enormes bendiciones que aún rodean mi vida actual; las cuido y las valoro, son mi motor para continuar, e intento retribuir mi agradecimiento brindando lo mejor que puedo, aun con mis fallas y errores."

LAILA, mamá de Anuar

Orgullo y felicidad

"Estoy muy contento y orgulloso de mi familia y de mi vida, feliz con mi familia, con mi trabajo y con lo que aporto a los demás… La decisión de tener una hija a raíz del accidente fue algo que nos ha hecho muy felices."

SANTIAGO, papá de Tomás y Santiago

Triunfar sobre el sufrimiento

"Es un momento muy bello, de verdad lo digo con el corazón en la mano. La muerte de un hijo es un hecho muy difícil, pero si se acepta y se procesa debidamente resulta muy enriquecedor. Me siento tranquila, en paz conmigo misma, no tengo enemigos, trato diariamente de reconciliarme con todo y con todos.

"Estoy tranquila, agradecida y fuerte. Mi esposo y yo estamos en total armonía; pasamos momentos muy difíciles ante la muerte de nuestros hijos, pero eso nos ha fortalecido, y la muerte de mi última hija sacó lo mejor de mí, me enseñó a reconciliarme con Dios, conmigo misma, con la naturaleza y con mi prójimo.

"Me declaro sobreviviente. Viví nueve años en un duelo patológico y un día dije: '¡No más…!' Hoy creo que ya no queda más dolor.

"Hoy por hoy me siento menos afectada emocionalmente. Claro que se carga a cuestas la muerte de un hijo; por mucho que se trabaje a nivel emocional, físicamente se nota, la gente lo nota, se notan las marcas en el rostro de la persona. Yo les llamo huellas de sufrimiento; son marcas que estarán ahí toda mi vida, que dan testimonio de lo vivido. Pero también son mis marcas de triunfo por así decirlo, ya que dan cuenta de que he logrado salir adelante a pesar de lo vivido."

LETY, mamá de José Pablo y Milly

Un nuevo sentido de vida

"Estoy mucho más en paz, he encontrado un nuevo sentido de vida y estoy trabajando mucho en él, con objetivos precisos y totalmente alcanzables. Estoy tranquila haciendo lo que me toca y contenta porque creo que lo estoy haciendo bien. Aunque a veces me caigo y me deprimo mucho, he aprendido a darme el tiempo para recuperarme y volver a sentirme bien. También he aprendido a reconocer y corregir mis errores. He aprendido a pedir perdón. He aprendido a vivir de forma sencilla, sin grandes expectativas, sin sobresaltos y a disfrutar lo que voy logrando. He aprendido a no preocuparme y a vivir día a día."

MARCELA, mamá de Chema y Santiago

Deseos de vivir la vida

"Me siento fortalecido y con ánimo de continuar viviendo, sin desperdiciar la vida como en otros momentos y aprovechando la oportunidad que Dios me está dando en todos los aspectos de mi vida."

JOSÉ LUIS, papá de José Pablo y Milly

"Estoy reencontrándome conmigo y con mi esposo: vamos a bailar, al cine, al parque, a tomar un helado y sentarnos en una banca por horas; vamos a conferencias, a espectáculos y hasta pude dedicarme a estudiar tres años y medio."

Lety, mamá de José Pablo y Milly

Una vida casi plena

"Es un buen momento con una adultez casi plena, con hijos y nietos a los que amo apasionadamente, con familiares y amigos a los que quiero bien, con un trabajo que me satisface ampliamente y con salud y vida que agradezco cada día. Hay una cita de Jorge Luis Borges que lo describiría mejor:

" 'Si en todos los idiomas de la tierra existe la *palabra* felicidad, es verosímil pensar que también exista la *cosa*, siquiera a modo de esperanza o nostalgia. A veces, al doblar una esquina o al cruzar una calle, me ha llegado, no sé de dónde, una racha de felicidad; la he recibido con humildad y agradecimiento, y no he tratado de explicármela, porque sé que a todos nos sobran los motivos de tristeza' ".

Gloria, mamá de José Gustavo

•❖ *¿En qué momento te encuentras hoy?... ¿Cómo lo explicarías?*

_____

_____

_____

_____

_____

_____

_____

_____

_____

_____

_____

_____

_____

_____

_____

_____

_____

_____

¿CÓMO LLEGUÉ A ESTE MOMENTO?

"Factores diversos me han ayudado a llegar a este momento, lecturas, compañía y apoyo de seres queridos, meditación a través de la oración, momentos agradables de distracción, respetar más mis deseos al elegir lo que deseo realizar; pero principalmente, por sobre todo, lo que me ha ayudado es mi familia, que son mi razón para continuar, y el hecho de darle un cauce a este doloroso aprendizaje, ayudando al prójimo en lo que esté a nuestro alcance y capacidad."

LAILA, mamá de Anuar

Con esfuerzo y voluntad

"Ha sido una suma de factores a través del tiempo que ha transcurrido la que me ha colocado en mi posición actual, impulsada por la voluntad personal de querer avanzar...

"He aprendido en este tiempo que es verdad que el dolor emocional es una vía para acceder no sólo al conocimiento de nuestros propios límites, sino también al deseo de superarlos."

LAILA, mamá de Anuar

"Con mucho esfuerzo."

MIGUEL, papá de Miguel

"Hoy me doy cuenta de que la vida está llena de penas y de retos, y que lo mejor sería admitirlos y tratar de ser feliz. La felicidad es un trayecto que vas construyendo tú, a pesar de tu pena... Hoy sé que si yo estoy aquí es por algo y para algo, así que mi vida actual se resume en seguir luchando por mí y por el bienestar de mi familia."

LAURA, mamá de Diego

·······················

"Con el pensamiento y compromiso de ser lo más feliz que pueda, ya que sólo tengo una vida; ésta es mi actitud, la cual me ayuda a superar los problemas que he ido teniendo."

SANTIAGO, papá de Tomás y Santiago

·······················

"Nada se ha dado por sí mismo, lo que vamos atravesando ha sido con trabajo y voluntad. Poco a poco fui aterrizando más en la idea de que esta tragedia era una realidad que había que enfrentar.

"Comprendí que no iba a ser el tiempo por sí mismo el que nos curaría a mi familia y a mí; es lo que haces con tu tiempo lo que va haciendo la diferencia, la diaria labor activa y responsable lo que nos ayuda a tomar nuevamente las riendas, con la conciencia de saber que no hay marcha atrás, que jamás va a dejar de doler, pero hay que continuar."

LAILA, mamá de Anuar

·······················

"Yo viví un duelo patológico de casi doce años y me cansé... Al principio, cuando sepulté a mi hijo, busqué, busqué y busqué... No sé decir bien cómo logré llegar adonde estoy, pero encontré mi camino. Tuve que trabajar muy duro para entender que mi hijo había muerto; logré superar su partida atreviéndome a emprender un camino de búsqueda y de encuentro, de aceptación y fortaleza, hasta que llegué a un equilibrio emocional. Actualmente estoy en paz, tranquila, satisfecha y plena; me felicito por ser la madre que fui porque di lo que pude. He trabajado mucho a nivel personal en terapia, ha sido difícil procesar la muerte de mi hijo, pero lo logré gracias a que me permití dejarme ayudar, fluir y dejar ir."

LETY, mamá de José Pablo y Milly

....

"Tuve la posibilidad de tomarme un tiempo para mí, observarme y ver cuáles eran mis necesidades en ese momento, pude poner una pausa en mi vida y escuchar en silencio qué debía hacer en este momento para estar mejor; es por eso que tomé la decisión de responsabilizarme de mí y llevar a cabo acciones concretas para salir adelante, como estudiar, pintar y ayudar."

RAQUEL, mamá de Jaim

El bienestar de la familia

"Un día, meses después, decidí volver a trabajar, dando con ello ejemplo a mis hijos de que tenemos que seguir. Sé que soy muy afortunada en tener a mis dos hijos conmigo, y por ellos dos haré todo lo que pueda para sobrevivir de la mejor manera posible."

MÓNICA, mamá de Pierre

....

"La primera razón para recuperarme fue mi hija, porque me parecería muy injusto centrarme en el dolor de la pérdida de mi hijo y olvidar que ella también es mi hija, que me necesita y sufre la pérdida de su hermano. Ella ha sido el motor principal para mi recuperación; además, entendí que tenía que salir por amor a mí misma."

PALOMA, mamá de Álvaro

Buscando ayuda

"Es tal el impacto que tu mente trata de acomodar cuando pasas por esta situación, que tienes que tratar de acomodar tu mente. Yo, por ejemplo, lo primero que hice fue ir a un psiquiatra a que me explicara en qué consiste un duelo; me puse a leer todo lo que pude acerca de la muerte e iba a un grupo de apoyo."

MÓNICA, mamá de Pierre

....

"Con psicoterapia, medicina alternativa, dándome oportunidad de priorizarme…"

CAROLINA, mamá de Pato

....

"Trabajé mi pérdida en terapia; toqué muchas emociones como el enojo, la negación, la tristeza y el dolor; además, me apoyé en gente que ha pasado por lo mismo, con ellos pude empatizar y sanar muchas cosas."

IVONNE, mamá de Mau

....

"Con mucha ayuda, con acompañamiento profesional, con mucho trabajo interior, emocional y espiritual."

MARCELA, mamá de Chema y Santiago

....

"Con muchas sesiones de terapia, de reflexión, momentos de silencio, escuchar y aprender de mis maestros (personas expertas en el tema del duelo). Con mucha voluntad de por medio para trabajar a nivel interno en mi espacio terapéutico, y gracias a eso no sentirme sola ante tan grandes pérdidas; en pocas palabras: dejarme ayudar y poner de mi parte."

LETY, mamá de José Pablo y Milly

....

"Hoy, gracias a Dios, a mi amada esposa, a la ayuda de la red de padres en duelo y a la de mi grupo de autoayuda, después de un arduo trabajo de aceptación por la muerte de mis hijos, he podido encontrar la paz y la tranquilidad. Poder compartir el dolor que sentí con otras personas que también han perdido a sus hijos, y trabajar con papás y mamás que han tenido que enfrentar la misma pérdida, me ha llevado a recuperar mi equilibrio. Ha sido difícil, pero siento que al fin lo he logrado recuperar."

José Luis, papá de José Pablo y Milly

Una reflexión para compartir ━━━━━━━━━━━━━━■

No cabe duda de que el duelo de un hijo o de una hija es de las experiencias más dolorosas y difíciles de superar, que requiere de mucha paciencia y fortaleza, comprensión, autocomprensión y tiempo, pero también de espacios de autorreflexión y de gran apoyo externo (de personas sensibles y empáticas que nos aman, guías espirituales, otros padres y madres en duelo, y de profesionales); en fin, es una tarea de meses y años que difícilmente nos lleva a buen puerto si nos aislamos y la llevamos a cabo en soledad.

Al respecto, Arnaldo Pangrazzi, sacerdote camilo de origen argentino, comenta que:

> El amor y el dolor tienen sus ritmos, el proceso de curación requiere tiempo; mas el tiempo, por sí solo, no hace milagros.
>
> El tiempo contribuye a la curación de las heridas, pero también puede infectarlas. El tiempo por sí solo, no cura las heridas ni suaviza la amargura; el tiempo por sí mismo no consuela, si acaso sólo resigna. Pero hay dolores, como el de la muerte de un hijo, que no tienen tiempo: enormes, inamovibles, que permanecen ahí inexorables, mucho más fuertes que nuestra capacidad de hacerles frente, por lo que necesitamos el apoyo de quienes nos rodean.

En el duelo, hasta en el duelo de un hijo, es el tiempo bien empleado (con sus normales recaídas) el que nos transforma, el que nos ayuda a reencontrar la paz y reencontrarnos con nosotros mismos; es el que nos ayuda a superar nuestro miedo a vivir, a vincularnos y volver a sufrir, el que nos ayuda a encontrarle sentido a nuestro dolor y a resignificar nuestra vida.

❧ *Y tú, ¿cómo llegaste a este momento?*

_____

_____

_____

_____

_____

_____

_____

_____

_____

_____

_____

_____

_____

_____

_____

_____

_____

_____

AQUELLO QUE RESULTÓ DE AYUDA

"Mis hijas, mis nietos, mis trabajos, el tiempo, el amor, la vida y yo misma."

GLORIA, mamá de José Gustavo

"No existe una receta universal para salir adelante."

IVONNE, mamá de Mau

"Permitirme vivir el proceso duelo."

GLORIA, mamá de José Gustavo

El luto

"Estar vestida de negro me ayudó mucho; es como decir: 'Yo estoy sufriendo, por favor ten cuidado conmigo'."

LAURA, mamá de Diego

Aceptar la realidad

"Aceptar la fatalidad de un accidente... Que simplemente pasan... Y aceptar la muerte real de mis hijos."

SANTIAGO, papá de Tomás y Santiago

"A los pocos días entendí que mi tragedia no le importaba al mundo, que la vida y las realidades cotidianas seguían, y que tenía que salir adelante."

MIGUEL, papá de Miguel

Expresar nuestros sentimientos

"Creo que hice bien en llorar tanto a mi hijo."

LAURA, mamá de Diego

·······························

"Ayuda mucho hablar, llorar, escribir, vivir el duelo y cada una de sus etapas."

MÓNICA, mamá de Pierre

·······························

"Escribir mucho… Escribir mis sentimientos."

IVONNE, mamá de Mau

·······························

"Un gran acierto, pienso yo, ha sido la libertad que nos hemos dado mi esposo, mi hija y yo de exprimir nuestro corazón, sin horarios, sin límites, pero siempre con respeto, sabiendo que siempre estaremos ahí."

LAILA, mamá de Anuar

Recordar a quienes ya no están

"En cada oportunidad que tengo hablo de él y es como tenerlo cerca, creo que es el mejor homenaje que puedo hacerle… No puedo hacer nada para regresarlo, sólo tenerlo presente conmigo siempre, nunca olvidarlo… Recordarlo con profundo amor."

LUIS, papá de Ian

·······························

"Recordar toda la hermosa vida que tuve a su lado… Maravillosos recuerdos, la mayoría de ellos llenos de amor y felicidad."

MARCELA, mamá de Chema y Santiago

....

"Hablarlo, recordarlo, platicar de él y con él."

IVONNE, mamá de Mau

....

"Los recuerdos, los momentos que nadie te puede robar, las emociones vividas junto a tu hijo, y dar gracias por la bendición de haberlo tenido."

LAURA, mamá de Diego

....

"Creo que algo que realmente me ayuda es hablar de mi hijo, me ayuda mucho recordarlo en todo lo que hago, como que así lo siento más cerca y que va conmigo a todos lados… He logrado también que la gente me hable de él, me encanta que lo recuerden y escuchar sus anécdotas."

LAURA, mamá de Diego

Aceptar que vivimos el duelo de diferente manera

"Permitirme entender que cada uno tiene sus formas y su manera de llevar el duelo."

LAURA, mamá de Diego

....

"Respetando los tiempos de duelo de cada uno."

IVONNE, mamá de Mau

Encontrar tiempo para uno mismo y para aquellos con quienes se desea estar

"Permitirse estar solo, con uno mismo, al principio e irlo dejando poco a poco… Cada uno a su manera y a su tiempo."

JUAN CARLOS, papá de Diego

....

"Tener espacios para uno, espacios de soledad para poder pensar."

LUPITA, mamá de María

....

"Estar con las personas que me gusta estar."

MÓNICA, mamá de Pierre

....

"Al principio es importante estar sólo con gente muy cercana, que sabe escucharte, que saben qué decir, qué preguntar y qué no preguntar."

JUAN CARLOS, papá de Diego

Dar un paso a la vez

"Fue importante no pensar en el tiempo a largo plazo; yo iba día a día, respetando mis emociones del momento. Si quería salir y distraerme, lo hacía; y si me sentía con ganas de llorar y estar sola, también me lo permitía."

IVONNE, mamá de Mau

La familia nuclear

"Mis hijos y mi esposo."

GALIA, mamá de Tamara

....

"Las personas que más me han ayudado y fortalecido son mi esposa y mis hijos."

JUAN CARLOS, papá de Diego

....

"Después de un largo tiempo, y gracias a la existencia de mi otra hija a la que tenía que cuidar y amar, empecé a salir adelante."

GLORIA, mamá de José Gustavo

La unión familiar

"El estar en familia. Creo que todos hemos hecho un gran esfuerzo por mantenernos unidos."

LAURA, mamá de Diego

....

"Sin duda alguna, mantenernos unidos, muy unidos, como familia."

JUAN CARLOS, papá de Diego

El amor

"El cariño de mi familia."

LUPITA, mamá de María

....

"El amor a mis seres queridos."

GLORIA, mamá de José Gustavo

El apoyo incondicional

"Principalmente, la comunicación y la entrega amorosa dentro de nuestro hogar han sido vitales... Sin tener respuestas ni soluciones, hemos sido incondicionales en el duelo; de repente soy yo o cualquiera de ellos los que tomamos el papel de consolar, como en otros momentos de ser consolados."

LAILA, mamá de Anuar

"El acompañamiento de la familia, la escucha y el espacio necesario para llorar la pérdida fueron fundamentales en mi proceso."

IVONNE, mamá de Mau

La comprensión y el respeto

"El respeto de cada uno de los miembros de la familia hacia los otros, hacia sus personales circunstancias, en un contexto de apoyo amoroso."

LAILA, mamá de Anuar

....

"La familia ha respetado y entendido nuestra vida."

ANUAR, papá de Anuar

El apoyo amoroso de la pareja

"El amor de mi esposa, su comprensión y su tolerancia."

José Luis, papá de José Pablo y Milly

....

"Mi esposo me respeta mucho y me ha cuidado este tiempo… él está siempre pendiente de mí, de mi salud, de todo lo que hago; se preocupa mucho por mi bienestar, ha sido un apoyo incondicional, no me cuestiona ni me exige nada, sólo me escucha y respeta mis decisiones, entre ellas no salir ni ver gente que no quiero ver."

LAURA, mamá de Diego

....

"Amar a tu familia y decirles que los quieres, abrazarlos."

LUPITA, mamá de María

Reconocer el sufrimiento de la familia

"Pensar en mis otros hijos y no perder de vista que ellos sufren también por la pérdida de su hermano... Hay que concentrarse mucho en los que se quedan para evitar otros problemas."

MIGUEL, papá de Miguel

La familia extensa

"En todo el proceso me ayudó mi familia."

IVONNE, mamá de Mau

....

"Mis hermanos nos han ayudado profundamente. Yo digo que hemos formado una cadena de amor que nos sostiene como familia. La pérdida de nuestra hermana, nuestros padres y de mi hijo, nos ha unido aún más."

LAILA, mamá de Anuar

Las amistades

"Mis amigas y amigos."

PALOMA, mamá de Álvaro

....

"No tengo hermanos de sangre, pero sí amigos que son hermanos de corazón y ninguno me defraudó; cada uno a su manera estuvo ahí para mí."

JUAN CARLOS, papá de Diego

El cariño de otras personas

"El amor de las personas que nos siguen acompañando, seguir rodeados de la gente que nos quiere y a quienes queremos es un verdadero motor de amor y esperanza que nos ha fortalecido día con día."

LAILA, mamá de Anuar

"El apoyo, la compañía, el cariño y consideración de todas y cada una de las personas que han estado cerca y al pendiente de mí en estos años."

MARCELA, mamá de Chema y Santiago

....

"Las personas que están contigo siempre, las que te apapachan, respetan tus silencios, te hacen reír, porque uno también aprende a reír... Las que sabes que están contigo en las buenas y en las malas."

LUPITA, mamá de María

Las mascotas

"Mi adorada gata, quien llegó tres días después del accidente. Su compañía, dependencia y cariño fueron un bálsamo increíble desde que la alcé en mis brazos... Dormía conmigo, me veía llorar y me acariciaba el rostro."

MARCELA, mamá de Chema y Santiago

Escuchar nuestras necesidades

"Evitar lugares, personas o situaciones que sacaran la tragedia a flor de piel nuevamente."

MIGUEL, papá de Miguel

....

"Terminar con las misas de memoria anual, pues me causaban mucho más dolor al revivir los primeros días. Las llegué a considerar sesiones públicas de tortura. Vamos a misa en familia y punto."

MIGUEL, papá de Miguel

....

"Dejar de invitar, a partir del tercer año, al grupo de sus mejores amigos a comer a casa, ya que al finalizar esas reuniones terminábamos destrozados con los recuerdos y viendo cómo la vida le daba grandes oportunidades a cada uno de ellos. Lejos de ayudarme, me perjudicaban."

MIGUEL, papá de Miguel

....

"Nosotros hicimos cambios bastante radicales en nuestra vida diaria que necesitábamos llevar a cabo: vendimos nuestra casa, pues los recuerdos eran muy duros y pensamos que ello nos ayudaría."

MIGUEL, papá de Miguel

....

"La decisión de tener una hija a raíz del accidente fue algo que nos ha hecho muy felices. Adoraba a mis hijos, y ahora tengo una hija que también adoro y que existe porque los otros no están. Nos hace muy felices tenerla y acordarnos así de nuestros hijos."

SANTIAGO, papá de Tomás y Santiago

Atreverse a pedir y recibir ayuda

"Primeramente pedir ayuda, ya que al principio pensaba que yo podía solo y que no necesitaba de nadie para poder superar la muerte de mi hijo, pero después me atreví a buscar a las personas idóneas para ayudarme. Desde luego, me dejé ayudar, teniendo disposición para seguir las sugerencias que me han dado para lograr mi recuperación física, emocional y espiritual."

JOSÉ LUIS, papá de José Pablo y Milly

Recibir apoyo especializado

"Yo desde la tercera semana de la muerte de mi hijo busqué ayuda emocional y me sirvió mucho."

LAURA, mamá de Diego

....

"Trabajar en terapia para encontrarme a mí misma, cambiar mi actitud y trabajar mi enojo."

LETY, mamá de José Pablo y Milly

"Buscar ayuda profesional lo antes posible fue trascendental, fue una guía muy importante al inicio para tratar de entender lo que pasó, así como para lograr saber cómo actuar dentro de mis posibilidades."

JUAN CARLOS, papá de Diego

"En psicoterapia aprendí a ponerle nombre a mis emociones sin señalarme o juzgarme como lo hacía la gente y yo misma… Comencé a ver más por mí, por mi esposo y por mi hija, y se fortaleció mi matrimonio. Hoy no nos importa lo que diga la gente; si nos señalan por ser felices, no importa: estamos en contacto con nosotros mismos."

LETY, mamá de José Pablo y Milly

"La ayuda y el acompañamiento de mi psicoterapeuta, quien me ayudó a recobrar mi autoestima y autoconfianza."

MARCELA, mamá de Chema y Santiago

"Mi psicoterapeuta nunca me dejó; incluso iba a verme al hospital donde estaba internada mi hija, y la terapia me la daba dentro de su carro o en la cafetería."

LETY, mamá de José Pablo y Milly

"Haber acudido con un buen psiquiatra, quien me explicó que esto que estaba viviendo no eran síntomas de enfermedad mental, y que un duelo hay que vivirlo."

MÓNICA, mamá de Pierre

"Buscamos ayuda profesional con un psiquiatra que fue de gran utilidad los primeros años."

MIGUEL, papá de Miguel

....

"La ayuda especializada te ayuda a expresar tus sentimientos y a lograr vivir tratando de aceptar tu realidad… Te refuerza conceptos básicos como mantenerte unido en familia y tratar de no sacar tu enojo con la gente que más quieres y que está sufriendo al igual que tú."

JUAN CARLOS, papá de Diego

....

"Pienso que lo vivido me ha rebasado por completo. He sufrido mucho, me he sentido muy confundida, triste, sola, e invadida de un sentimiento de injusticia; en este sentido, mi terapia me ha ayudado mucho, me he sentido realmente acompañada y escuchada.

"En un principio cuando empecé a acudir, la terapeuta lo único que podía hacer por mí era acompañarme, escucharme, hacerme sentir que yo no estaba sola en esto. Mi sufrimiento era muy intenso, me encontraba desconsolada, con un dolor desgarrador; me sentía muy sola. Mi terapeuta me ha acompañado durante todo este doloroso proceso; nunca he esperado que ella cure mi dolor, pero con su escucha me he sentido mejor. Despacio he ido encontrando sentido a mi vida."

RAQUEL, mamá de Jaim

Conversar con personas que han vivido lo mismo

"Me ayudó mucho platicar, al mes del accidente, con una pareja que había perdido tres hijos en diferentes años y edades. Al preguntarle a ella qué seguía después de esto, me contestó que creceríamos e íbamos a ser mejores personas… Me costaba mucho trabajo entender eso, pero le dio mucho valor a este pensamiento que ella me lo hubiera dicho. Por eso mi interés en tratar de ayudar a los que pasan por una situación similar; ayuda mucho transmitir a otros papás y mamás que después de esto pueden seguir siendo felices, ayuda mucho."

SANTIAGO, papá de Tomás y Santiago

"Me ayudó platicar con una amiga que sufrió la misma pérdida cuatro meses después que yo; nosotras sí que nos entendemos. Nos encanta estar juntas, con ella me siento segura, no juzgada."

LUPITA, mamá de María

....

"Conversar con personas que han tenido experiencias parecidas, no en grupos formales de apoyo, sino en reuniones amistosas y sin agenda predeterminada."

MIGUEL, papá de Miguel

....

"Compartir mi vivencia con otras personas que experimentan el mismo dolor me ayuda y las ayuda; a ellas las hace sentir comprendidas, y a todas nos enriquece escuchar los testimonios que comparten… Ello le ha dado sentido al camino que he recorrido hasta ahora."

LAILA, mamá de Anuar

Grupo de apoyo

"Ir a un grupo de apoyo y haber conocido a más mamás que han pasado por lo mismo. El grupo es un espacio único, lleno de empatía, al que puedes ir cuando quieras y hablar si quieres, además de escuchar, aprender, enseñar."

MÓNICA, mamá de Pierre

....

"En el grupo de apoyo he podido compartir y aprender de la experiencia y entereza de cada mamá."

LAILA, mamá de Anuar

....

"Mis compañeras del grupo me hicieron ver que todas pasamos por lo mismo, que sentimos lo mismo y sufrimos igual, pero también podemos ir recuperándonos poco a poco y llegar a vivir en paz a pesar de la pena."

MARCELA, mamá de Chema y Santiago

"Principalmente he contado con la ayuda de la Red de Padres y de mi grupo de autoayuda, que me han acompañado en mi proceso a través de los doce pasos de AA."

José Luis, papá de José Pablo y Milly

El trabajo

"El trabajo y la productividad han sido salvavidas en momentos álgidos, cuando estaba al borde del precipicio... Gracias a ello me levanté y empecé a salir adelante."

Gloria, mamá de José Gustavo

"Haber regresado a trabajar."

Carolina, mamá de Pato

....

"Regresar a trabajar ayuda muchísimo; es la manera más sana y productiva de distraer la mente."

Mónica, mamá de Pierre

Salir de nosotros y ayudar a los demás

"Me di cuenta de que puedo trascender al dolor a través del servicio y encontrarle sentido al sufrimiento. Trabajar en la Casa Hogar de niños (abierta en memoria de mi hijo) le ha dado un sentido a mi sufrimiento y mi dolor."

Lety, mamá de José Pablo y Milly

....

"El trabajo con recién nacidos y sus madres me ayudó a volverme a contactar con mis emociones."

Gloria, mamá de José Gustavo

....

"La sensación de ayudar a quien puedas, de la forma que puedas, me ha sido de gran ayuda. Mientras más te cueste y más te saque de tu dolor y zona de confort, es mejor."

JUAN CARLOS, papá de Diego

....

"Tratar siempre de ayudar a quienes me necesiten, en especial a los jóvenes... A todos los considero mis hijos."

LUIS, papá de Ian

....

"Ayudar a otras mamás cuyos hijos han muerto".

LETY, mamá de José Pablo y Milly

Realizar actos de trascendencia

"Escribir un libro con el deseo de dejar un testimonio de mi hijo, narrado por mí, para las futuras generaciones de la familia."

LAILA, mamá de Anuar

....

"Buscar la forma de prevenir accidentes que puedan enlutar a una familia."

LUIS, papá de Ian

....

"Darle sentido a la muerte de mi hijo, trabajando en su nombre en la prevención de muertes por accidentes automovilísticos y creando una asociación, Chema.Link, que se especializara en ello."

MARCELA, mamá de Chema y Santiago

Realizar actividades que nos fortalezcan

"Leer mucho sobre el tema."

IVONNE, mamá de Mau

....

"Estudiar acerca del tema me ha dado herramientas útiles para comprender mi proceso."

LETY, mamá de José Pablo y Milly

....

"Tener espacios para uno, leer, escuchar música."

LUPITA, mamá de María

....

"Cambiar el cuarto donde dormía, mover rutinas, trabajar, hacer ejercicio."

IVONNE, mamá de Mau

....

"Salir a caminar."

LUPITA, mamá de María

....

"Ir a caminar, hacer ejercicio."

MÓNICA, mamá de Pierre

....

"Permitirme socializar más."

CAROLINA, mamá de Pato

....

"Yo encuentro mucha paz meditando en calma y en silencio; es ahí donde encuentro la posibilidad de convertir mi dolor en oración."

LAILA, mamá de Anuar

Esforzarse por recuperar la alegría

"Salir otra vez al mundo a enfrentar el dolor de la pérdida y tratar de recuperar la alegría de vivir."

PALOMA, mamá de Álvaro

Fortalecerme espiritualmente

"La fe que tengo en Dios."

José Luis, papá de José Pablo y Milly

....

"Asistir a misa siempre que puedo."

Laura, mamá de Diego

....

"Sentirme sostenida siempre por mi fe."

Laila, mamá de Anuar

....

"La ayuda que he recibido de Dios en mi proceso de duelo y en todos los aspectos de mi vida."

José Luis, papá de José Pablo y Milly

Atreverme a prepararme para su partida

"Creo que porque la muerte de mi hija fue esperada, pude hacer un duelo anticipado; ello me permitió fluir mejor. Fue más fácil (en lo que cabe) que la muerte de mi hijo, la cual fue totalmente inesperada. En cambio, con ella este proceso no me tomó por sorpresa, me fui preparando y esto me permitió aceptarlo más fácilmente y, por consiguiente, con más tranquilidad."

Lety, mamá de José Pablo y Milly

El tiempo

"El mejor aliado del dolor es el tiempo; siempre he vivido y viviré con su recuerdo... y lo honro tratando de amar la vida tal y como él lo hacía."

Ivonne, mamá de Mau

❧ *Y a ti, ¿qué te ha resultado más fortalecedor y de ayuda?*

_____

_____

_____

_____

_____

_____

_____

_____

_____

_____

_____

_____

_____

_____

_____

_____

AQUELLO QUE NO RESULTÓ DE AYUDA

Cuando sobrevives a la pérdida,
todo el mundo es rápido para decirte
qué tan fuerte eres.
Pero en realidad, nadie tiene una opción
para sobrevivir al dolor,
porque no es opcional.
Sólo tienes que
llorar en la ducha,
sollozar en tu almohada,
rezar,
y lo lograrás.

"En esta 'oleada' que se vive en un duelo, definitivamente ha habido algunas decisiones buenas, y otras que no lo fueron tanto."

Laila, mamá de Anuar

Actitudes que nos lastiman y lastiman a otros

"Afectamos a los nuestros y a nosotros mismos con actitudes que nos alejan de nuestra meta, que es sentirnos mejor. Lo importante es reconocerlo con humildad y tratar de enmendarlo."

Laila, mamá de Anuar

"Permitir que otros tomaran decisiones por mí."

MARCELA, mamá de Chema y Santiago

....

"Castigar a mis padres por la muerte de mi hijo… Se alejaron de mí porque no soportaron la pérdida de su nieto; les dolió mucho."

LETY, mamá de José Pablo y Milly

....

"A veces el sentimiento nos gana y podemos herir sin quererlo."

LAILA, mamá de Anuar

....

"Permitirme ser envidiosa: no quería que nadie más utilizara los juguetes de mi hijo y su ropa. Hoy veo que eso no me ayudaba mucho, y menos me fortalecía."

LETY, mamá de José Pablo y Milly

....

"Yo mismo me compliqué mi propio proceso al no admitir y aceptar la muerte de mi hijo desde un principio. Me pregunté durante mucho tiempo: '¿Por qué a mí?', lo cual se convirtió en años que pasé tratando de evadir la realidad en una forma totalmente egocéntrica, pensando que yo solo podía resolver todo."

JOSÉ LUIS, papá de José Pablo y Milly

Autocastigo

"Castigarme a mí misma, no sólo negándome la posibilidad de volver a ser madre, por rencor, por enojo en contra de la vida y contra Dios, sino también comiendo en exceso, aislándome o culpándome."

LETY, mamá de José Pablo y Milly

Aislamiento y abandono
de las tareas cotidianas

"Encerrarme y no permitirme continuar con las cosas que yo hacía habitualmente, aunque fuera poco a poco."

LUPITA, mamá de María

Sobreprotección de la familia

"Sobreproteger en extremo a nuestros hijos."

LAILA, mamá de Anuar

Subestimar lo difícil del proceso

"Subestimar lo difícil de la situación que se venía encima por exceso de confianza en que todo iba a ser más fácil."

MIGUEL, papá de Miguel

....

"Decidir no pedir ayuda al principio, y menos a un profesional de la psicología, psiquiatría o tanatología, ya que yo me creía autosuficiente para poder vivir con mi dolor y sufrimiento; pensé que podía superarlo cuando yo me lo propusiera con mi pura fuerza de voluntad, lo cual fue imposible."

JOSÉ LUIS, papá de José Pablo y Milly

Forzar los tiempos

"Tardé en entender que hay que darle su tiempo a todo, y que poco a poco se vuelven a dar las circunstancias que se tengan que dar."

ANUAR, papá de Anuar

Reacciones, comentarios y actitudes poco empáticas

"Al principio mucha gente veía mi vida como una tragedia y me lo decían. Me hacían sentir muy mal con sus comentarios, ya que me invalidaban, me avergonzaban y me hacían sentir señalada."

LETY, mamá de José Pablo y Milly

....

"Las personas que te ven con lástima."

LUPITA, mamá de María

....

"Nunca faltan los comentarios y actitudes inapropiadas y sin consideración hacia lo que estamos viviendo."

LAILA, mamá de Anuar

....

"La gente que te dice que ya pasó mucho tiempo y que tienes que estar bien por los demás, pero yo creo que tienes que estar bien para ti mismo primero. Mucha gente te dice cosas de buena fe o te da consejos sin sentido…"

LUPITA, mamá de María

....

"Entre las cosas que más me han costado trabajo está escuchar las sugerencias o recomendaciones que, con gran seguridad, te dan algunas personas que no han atravesado por esta situación, queriéndote indicar qué debes hacer y cómo debes de pensar o actuar, sin considerar que éste es un camino muy personal.

"Los comentarios faltos de consideración y de respeto duelen. Si bien muchas veces no sabemos qué decir, siempre sabemos qué no se debe hacer ni decir."

LAILA, mamá de Anuar

....

"Me dolió que la familia decidiera, sin tomar en cuenta mis deseos, qué hacer con todas las cosas de mi hijo. Tan sólo fueron a mi casa y desaparecieron todo, sin preguntarme nada."

MARCELA, mamá de Chema y Santiago

Acudir a un grupo de padres en duelo

"Cuando fui a un grupo de padres, oír tanta tristeza me afectó mucho."

GALIA, mamá de Tamara

Psicólogos o tanatólogos poco éticos

"Algunos psicólogos que vi antes de tener la fortuna de encontrar una asociación especializada."

MARCELA, mamá de Chema y Santiago

Pensamientos suicidas

"Atentar contra mi vida me hundió aún más… Fue una experiencia muy desagradable."

LETY, mamá de José Pablo y Milly

....

"No tomé la decisión, pero sí la pensé: matar a mi hija y luego suicidarme en un momento de desesperación y desolación. Después de procesar y trabajar ese vacío existencial en terapia, la idea suicida se fue totalmente de mi vida; agradecí y agradezco esta experiencia, porque me ha dado crecimiento como ser humano, principalmente después de la muerte de mi hija."

LETY, mamá de José Pablo y Milly

Los temas legales y de impartición de justicia

"La impunidad, la corrupción, los juzgados, los ministerios públicos y los procedimientos legales desgastantes y fríos."

MARCELA, mamá de Chema y Santiago

❧ *Para ti, ¿qué cosas no fueron de ayuda?*

_____

_____

_____

_____

_____

_____

_____

_____

_____

_____

_____

_____

_____

_____

_____

_____

_____

11

PENSAMIENTOS DE CORAZÓN A CORAZÓN

Si alguna vez llega un día en el que no podamos estar juntos,
mantenme en tu corazón. Me quedaré allí para siempre.

WINNIE THE POOH

LO QUE APRENDIMOS A LO LARGO DEL CAMINO Y QUEREMOS QUE SEPAS

· ·

Aceptar la pérdida

"Acepta que murió. El pensamiento de que pasó a mejor vida es algo que no te permite aceptar cabalmente que murió."

SANTIAGO, papá de Tomás y Santiago

Aceptar que la vida no volverá a ser la misma

"Nunca volverán a ver la vida como fue, ni lo intenten; eso es remar contra la corriente, y te hará imposible avanzar en el duelo."

ANUAR, papá de Anuar

Dejar que todo fluya

"Todos vivimos nuestro duelo de diferente manera, deja que todo fluya como lo sientas."

LUPITA, mamá de María

Vivir el dolor

"El gran desafío para nosotros como padres en duelo es aprender a vivir el dolor tan grande que provoca su ausencia."

IVONNE, mamá de Mau

· ·

"Vive tu pena al máximo, no evadas el dolor ni busques distraerlo. Al principio creerás que ese dolor te va a matar, pero te sorprenderás de lo que eres capaz de resistir."

LAURA, mamá de Diego

"Permítete vivir el dolor, llora, ello es indispensable para transitar el camino del duelo."

LETY, mamá de José Pablo y Milly

"Todo el tiempo tenemos imágenes instantáneas que nos hacen recordar dolorosamente, pero todo llega a ser llevadero si aprendemos a manejarlo."

MARCELA, mamá de Chema y Santiago

"El dolor regresa como oleadas, esto no es patológico. Suceden circunstancias que, sin darnos cuenta, nos regresan a vivir en pleno los momentos y emociones pasadas… Es importante que comprendas que esto no es patológico."

LAILA, mamá de Anuar

"Vive cada momento de dolor que tengas, respétalo, pero ponle tiempo."

IVONNE, mamá de Mau

Llorar

Tengo la teoría de que cuando uno llora, nunca llora por lo que llora, sino por todas las cosas por las que no lloró en su debido momento.
MARIO BENEDETTI

"No temas llorar, el llanto ayuda mucho a descargar la pena."

MARCELA, mamá de Chema y Santiago

"Vive el duelo, no lo retrases ni lo evites. Para poder dejar ir a un hijo, primero lo tienes que llorar."

LAURA, mamá de Diego

....

"No evites llorar, no frenes las lágrimas."

LETY, mamá de José Pablo y Milly

Estar deprimido

"Es normal sentirte deprimida y no tener ganas de hacer nada."

LAURA, mamá de Diego

Evitar evadir la realidad de la pérdida

"Evita tratar de evadir el proceso del duelo; existen etapas que debemos vivir y llorar."

IVONNE, mamá de Mau

....

"Evita negar la realidad. No evadas hablar de ello."

CAROLINA, mamá de Pato

Evitar mantenerse enojado

"Evita mantenerte en la frustración y el enojo."

CAROLINA, mamá de Pato

Buscar respuestas

"Es importante entender lo que sucedió, pero no es recomendable empantanarse preguntándose por qué... Mejor pregúntate para qué."

CAROLINA, mamá de Pato

Vivir el dolor en relativa soledad

"Es importante vivir el dolor con relativa soledad: se llora mejor y más profundo solo, y esto puede ayudarnos a pasar el dolor más rápido."

SANTIAGO, papá de Tomás y Santiago

Mantener el contacto con los demás

"Evita encerrarte y aislarte socialmente."

CAROLINA, mamá de Pato

....

"Esta pena es casi imposible de sobrellevarse en soledad. Es muy importante estar más cerca de los tuyos, hablando y aceptando en compañía, poco a poco, la nueva realidad de tu vida."

LAURA, mamá de Diego

....

"Apóyate en las personas cercanas que sientas que tienen la capacidad de respetar tu duelo y sólo acompañarte."

ANUAR, papá de Anuar

Evitar la autocompasión

"No te compadezcas de ti mismo ni te encierres en tus arrepentimientos."

LUIS, papá de Ian

....

"No te autocompadezcas."

PALOMA, mamá de Álvaro

Perdónate

"Todas las mamás creemos que controlamos a la distancia. Les decimos a nuestros hijos: 'Háblame cuando llegues'; pero la realidad es que no controlamos nada..."

Psicóloga Janet Shein, citada por MÓNICA, mamá de Pierre

....

"Perdónate por no haber podido evitar su muerte."

JOSÉ LUIS, papá de José Pablo y Milly

La culpa y el perdón

"Trabaja las culpas lo antes posible; la culpa no te deja vivir."

LAURA, mamá de Diego

....

"No trates de encontrar culpables y, sobre todo, perdona a los que estuvieron involucrados. Si no perdonas, te condenas a quedarte atrapado y no sobrepasar el evento. Perdonar es un término sobre el que habría que profundizar, especialmente en actos criminales, pero es indispensable hacerlo."

SANTIAGO, papá de Tomás y Santiago

....

"Hay que estar muy alertas y asegurarse de que no exista el más mínimo sentimiento de culpa; si lo hay, ya sea sobre uno mismo o sobre el cónyuge, hay que buscar ayuda especializada de inmediato para evitar penas mayores."

MIGUEL, papá de Miguel

Una reflexión para compartir ───────────────■

Una de las decisiones más valiosas en el proceso de duelo es lograr detener la culpa. Debemos dejar de culparnos por lo que podríamos o deberíamos haber hecho. Debemos dejar de culpar a nuestra pareja, a nuestra esposa o esposo, por lo que ella o él pudieron haber hecho. Y debemos dejar de culpar a Dios. Si nos sobreviene la idea de que estamos siendo castigados por Él, entonces tendremos un sentimiento contra un Dios cruel. Pero ése no es el Dios en el que yo creo, ni el Dios que puede ayudarnos con su compasión cuando clamamos por Su ayuda cuando más lo necesitamos. Quitemos el sentimiento de culpa de nuestra vida como el primer paso para alcanzar la sanación.

Søren Kierkegaard (filósofo y teólogo danés) escribió que: "La vida solamente puede entenderse mirando hacia atrás, pero debe vivirse hacia delante". No hay formas correctas o incorrectas de vivir un duelo, cada ser humano hace lo que puede para hacer frente al dolor por la ausencia, pero es muy importante que a lo largo de este proceso no hagamos cosas que hagan más profundo y lacerante este dolor. Culparnos y castigarnos por lo sucedido, privarnos del amor y la compañía de quienes nos rodean, exigirnos hacer frente a situaciones para las que no estamos aún preparados y prohibirnos expresar libremente nuestras emociones son algunas de las actitudes que pueden debilitar nuestros recursos y hacer más profundo nuestro dolor.

Refugiarse en las adicciones

"Evita escapar de la realidad abusando de substancias."

MIGUEL, papá de Miguel

....

"No busquen drogas (el alcohol también es una droga), no es bueno adormecer el dolor... En mi trabajo había una chica que bebía alcohol y ella me decía: 'Bebe para que se te olvide'. Al principio lo hice, aunque me daba vergüenza con mi marido; pero un día me vi al espejo toda borracha y me di lástima; me dije que no podía seguir así."

Lᴇᴛʏ, mamá de José Pablo y Milly

....

"Después sentí alivio en la comida y subí de peso."

Lᴇᴛʏ, mamá de José Pablo y Milly

Vivir día a día, paso a paso, gota a gota

"Vive día a día su pérdida."

Iᴠᴏɴɴᴇ, mamá de Mau

....

"Intenta vivir y enfrentar este proceso día por día. No pretendas resolver de pronto todas las dudas que surgen, ni encontrar en un instante todas las soluciones a esta nueva realidad; sólo día a día, con amor y con las armas que Dios y la vida nos permiten, se aprende a reconstruir el camino personal. No hay atajos cortos, se tiene que atravesar paso a paso y beber gota a gota para poderlo pasar."

Lᴀɪʟᴀ, mamá de Anuar

....

"Vive el presente, habla y enfrenta el momento."

Lᴇᴛʏ, mamá de José Pablo y Milly

Dejar fluir el tiempo

"Nunca forces los tiempos… Todo se vuelve a dar poco a poco."

Aɴᴜᴀʀ, papá de Anuar

....

"Lo peor que podemos hacer es pretender estar bien muy rápidamente."

Lᴀᴜʀᴀ, mamá de Diego

....

"No trates de acortar los tiempos para sentirte mejor. Esto va sucediendo al paso de cada quien, porque si no, nos quedamos atrapados en la desesperación… Cuando tratamos de salir pronto del duelo o no queremos hablar de eso y nos negamos a sentir, nos cuesta más trabajo el camino. Lo mejor es vivirlo intensamente y fortalecernos durante el camino, con el tiempo; aunque éste sea lento, eso no importa: hay que recorrer ese camino y nadie más lo puede hacer por nosotros."

LUPITA, mamá de María

Tener paciencia

"Aunque al principio creas que nada va a ayudarte, que jamás vas a lograr vivir sin tu hijo, las cosas se van acomodando muy poco a poco. Todo llega a su tiempo."

LAURA, mamá de Diego

....

"Si es reciente la pérdida, no te desesperes. Poco a poco encontrarás un sentido a la vida, al dolor y a la pérdida."

LETY, mamá de José Pablo y Milly

Cada duelo y cada persona es diferente
Acepta la huella única de dolor y pérdida.
Tu dolor es tan único como tu huella digital.
No hay dos huellas dactilares iguales.
Sí, ambos son de un "dedo", hecho de un patrón
único de espirales
y líneas en las huellas dactilares,
pero eso es todo lo que se refiere a las
similitudes.
Son más diferentes de lo que son iguales, pero
los ojos no pueden ver eso.
La única razón por la que se comparan las
huellas dactilares
es para identificar al individuo.
No hay ninguna razón saludable para comparar
su pena y pérdida con la de otra persona.
No te ayuda a sanar.
Tampoco ayuda a la otra persona a sanar su
dolor.

NATHALIE HIMMELRICH

Cada duelo y cada persona es diferente

"Haz oídos sordos a las comparaciones, cada quién está viviendo su propio duelo, porque, aunque todos tenemos sentimientos y emociones similares, cada uno lo vive de manera particular y diferente según sus circunstancias."

MARCELA, mamá de Chema y Santiago

Las recaídas

"Inevitablemente hay recaídas, y en ese momento sientes que no has avanzado nada, pero de repente te das cuenta de que sigues viva y luchando por ti y por la familia."

LAURA, mamá de Diego

....

"Es importante tener presente que en este proceso no hay pruebas superadas, las caídas o retrocesos se deben vivir con una perspectiva diferente, teniendo la certeza de que siempre traerán aprendizajes."

LAILA, mamá de Anuar

....

"Hay que estar preparados para las recaídas. Las efemérides son nuestras enemigas…"

MARCELA, mamá de Chema y Santiago

No rendirse

"No te dejes vencer. Aunque habrá días en que puedas creer que te vas o morir o que quieres morir, eso no pasa. La vida tiene que seguir."

LAURA, mamá de Diego

Hablar de tu hija o de tu hijo, y del amor que le tienes

"Permítanse recordarlo a diario con amor y alegría, y hablar de él cada vez que lo necesiten… Permítanse recordar los grandes momentos que vivieron juntos… Intenten que el amor sea más fuerte que cualquier otro sentimiento."

LUIS, papá de Ian

Convivir con personas que nos comprendan

"Procura no estar con gente que no te comprenda, pues hay muchas personas, sobre todo al principio, que te dicen cosas que lejos de ayudarte te hunden. Pero la gente no lo hace por hacerte un daño, lo que pasa es que no saben cómo actuar ante un dolor así; no saben qué decir."

LAURA, mamá de Diego

No dejarse presionar

"No te dejes presionar, muchas veces la familia o amigos por querer vernos bien nos presionan."

LUPITA, mamá de María

Alejarse de la gente que hace comentarios dañinos

"Aléjate de gente, por muy cercana que sea, que no te comprenda, que te critique, señale o juzgue; toda esa gente que te hace daño con sus comentarios."

LETY, mamá de José Pablo y Milly

Mantener unida a la familia

"Traten de que la pérdida no genere otras más. Hagan todo lo posible por mantenerse unidos como familia."

JUAN CARLOS, papá de Diego

La comprensión en la pareja

"Aunque la experiencia de la muerte de nuestro hijo fue la misma, en circunstancia, para mi esposo y para mí, ambos manejamos una versión diferente, ya que la vivimos de distinta manera. Como pareja vivimos cada uno el mismo dolor, pero diferente escenario, y ante éste podemos adoptar diferentes posturas, tener emociones, pensamientos y actitudes distintas. Pero la experiencia siempre será la misma. En ese sentido, la comprensión mutua es esencial."

LETY, mamá de José Pablo y Milly

No suplir el rol de quien ha partido

"En un principio mi hija me preguntaba si ahora ella ya era la mayor, y yo pensé que así era, hasta que lo consulté con mi psicóloga; ella me dijo que nadie toma el lugar de nadie."

IVONNE, mamá de Mau

En ocasiones las personas no responden como esperamos

"No te sorprendas de las actitudes, comentarios u omisiones de las personas que te rodean, incluso de tus supuestas amistades o familiares más cercanos. Generalmente no hay una mala intención, probablemente estén ocultando su verdadero sentir o protegiéndose del dolor… Y si la hubiera, no es nuestro problema; tenemos que resolver cuestiones de verdadera importancia, y las actitudes negativas es mejor dejarlas ir, para resguardar la energía que tanto necesitamos en lo que verdaderamente nos concierne."

LAILA, mamá de Anuar

"No esperes reacciones diferentes en otras personas, acepta que les es difícil entender lo que vivimos."

CAROLINA, mamá de Patricio

Visita la tumba de tu hijo o hija tanto como lo necesites

"Visita la tumba de tu hijo hasta que algo dentro de ti te diga que ya fue suficiente."

LETY, mamá de José Pablo y Milly

Sobre las pertenencias de tu hijo o hija

"Guarda las pertenencias de tu hijo el tiempo que lo necesites. Creo que todo tiene su momento, y hay cosas que puede uno elegir guardarlas y otras deben de irse por salud mental y emocional."

LETY, mamá de José Pablo y Milly

....

"No te deshagas de las pertenencias de tu hijo o hija intempestivamente."

LETY, mamá de José Pablo y Milly

Oblígate a regresar a la vida

"Es importante hablar, salir, moverse, viajar, tener responsabilidades…"

CAROLINA, mamá de Pato

....

"Conéctate con la vida."

IVONNE, mamá de Mau

....

"Haz cosas que te hagan sentir bien, como estar con la familia y tratar de disfrutarla."

LAURA, mamá de Diego

....

"Tómate tiempo para ti mismo, haz cosas amorosas y fortalecedoras para sentirte mejor."

MARCELA, mamá de Chema y Santiago

....

EL AMOR ES MÁS FUERTE

"Quítate el negro, vete de viaje, sal al cine a distraerte… No te dejes presionar, recupera tu capacidad de vivir y disfrutar como lo vayas sintiendo y a tu paso."

LUPITA, mamá de María

Permítete pedir y recibir ayuda

"Deja de lado el orgullo y pide ayuda si la necesitas; no puedes llevar solo este proceso."

CAROLINA, mamá de Pato

....

"Primeramente, pide ayuda. Investiga quiénes son las personas o profesionales idóneos y calificados en el tema que haya por tu zona. Cerciórate de que tengan la experiencia necesaria para que te acompañen de la mejor y más integral manera."

JOSÉ LUIS, papá de José Pablo y Milly

....

"Busca ayuda, permítete vivir tu duelo acompañado de un terapeuta profesional."

LETY, mamá de José Pablo y Milly

....

"Tómate tiempo para buscar la ayuda correcta, elige a aquel profesional que esté especializado en el tema, que te brinde un acompañamiento amoroso, con quien sientas empatía y te inspire confianza."

MARCELA, mamá de Chema y Santiago

....

"A los padres que recién estén pasando por la muerte de su hijo o hija, o que siguen muy mal a pesar de que la pérdida sucedió hace algunos años, les sugiero que busquen ayuda psicológica profesional cuanto antes."

JUAN CARLOS, papá de Diego

"Ve a psicoterapia. Ayuda a darnos cuenta de áreas emocionales en nuestra vida que requieren trabajo y atención."

CAROLINA, mamá de Pato

....

"Permítete recibir ayuda. Toma lo bueno de cada cosa y desecha lo que no lo es; no vale la pena enfocarse en lo malo."

GALIA, mamá de Tamara

....

"Es importante ser muy selectivos con las personas profesionales que con fines de lucro se acercan a los padres en duelo a ofrecer ayuda. No todos son especialistas en el tema y no todos son éticos. Busca una recomendación confiable."

MIGUEL, papá de Miguel

Los hermanos y hermanas también necesitan ayuda

"No inhibas la expresión del enojo en los demás hijos e hijas. Evita regañarles cuando vivan etapas de enojo; es mejor darles un abrazo sin decir una sola palabra, acabarán llorando juntos…"

MÓNICA, mamá de Pierre

....

"No sólo los padres y madres necesitan la ayuda profesional, también los hermanos y hermanas. Es importante que sepan que también necesitan ayuda profesional por un tiempo para poder salir adelante."

MÓNICA, mamá de Pierre

Tomar antidepresivos

"Si el terapeuta cree que es necesario tomar antidepresivos, hazlo sin temor; eso te ayudará a salir adelante del duelo."

LETY, mamá de José Pablo y Milly

....

"Si un médico te prescribe antidepresivos, no temas; los medicamentos adecuadamente prescritos te ayudan mucho a sobrellevar el duelo. Te ayudan a disminuir la angustia, a poder dormir y a tener más fuerza para enfrentarlo."

MARCELA, mamá de Chema y Santiago

....

"No se toman las medicinas para el dolor emocional porque no existe ninguna medicina que te lo vaya a quitar. El duelo no es una enfermedad ni se cura con medicamentos; se tiene que vivir cada una de sus etapas, cada persona a su tiempo, y no hay reglas para ello.

"Evita automedicarte o medicarte innecesariamente."

MÓNICA, mamá de Pierre

....

"Es importante que tu psiquiatra se especialice en la atención a personas en duelo. Es importante acudir con un psiquiatra que conozca sobre el duelo y comprenda los síntomas que vive una persona que enfrenta la muerte de una hija o un hijo."

MÓNICA, mamá de Pierre

El cuerpo también se enferma durante el duelo

"Es normal enfermar; el cuerpo también se debilita con la pérdida."

CAROLINA, mamá de Pato

....

"La tristeza es tan fuerte que las defensas se debilitan y todos en la familia se enferman."

MÓNICA, mamá de Pierre

....

"Cuiden su salud física, pues con la pena te vienen muchas complicaciones de salud."

LAURA, mamá de Diego

....

"Traten de dormir y comer lo mejor que puedan."

MÓNICA, mamá de Pierre

Fortalecerse espiritualmente

"Busca ayuda espiritual cuanto antes."

JUAN CARLOS, papá de Diego

....

"Busca fortalecerte espiritualmente; alimentar el alma en una situación así es un bálsamo."

LAURA, mamá de Diego

....

"Aférrate a tus creencias."

ANUAR, papá de Anuar

....

"Dale algún sentido a lo vivido."

IVONNE, mamá de Mau

Evadirse a través de la religión

"No te vuelvas fanático de la religión en tu intento por mitigar el tremendo dolor que estás sufriendo."

SANTIAGO, papá de Tomás y Santiago

Compartir el dolor con otros padres y madres en duelo

"Convive con personas que han pasado por lo mismo."

CAROLINA, mamá de Pato

....

"Busca un grupo de apoyo en tu comunidad, ya que es el único espacio en donde te van a entender."

MÓNICA, mamá de Pierre

Grupos de autoayuda para madres y padres en duelo

"Únete a un grupo de padres y madres en iguales circunstancias, porque sólo reflejándote en los otros entenderás que todos pasamos exactamente por lo mismo, que el dolor de todos también es inmenso, pero que es posible recuperarse y volver a vivir a pesar de la pérdida."

MARCELA, mamá de Chema y Santiago

....

"No eres la única madre ni el único padre que sufre por la muerte de una hija o un hijo. Compartir el dolor con otras madres y padres te ayuda, pues te reflejas en cada una. Ahí no tienes por qué explicar lo que sientes, porque ellas y ellos te entienden y lo sienten igual que tú."

LAURA, mamá de Diego

Haz cosas que te ayuden a trascender

"Cuando llegue el momento empieza a hacer cosas que te hagan sentir bien, como ayudar a alguien."

LAURA, mamá de Diego

....

"En el 2013 unos chavos universitarios hicieron un proyecto de tesis cuyo tema era cómo evitar accidentes automovilísticos. Este proyecto incluía una serie de videos, en los cuales participamos; esto me llenó el alma y el corazón, sobre todo porque la respuesta de los jóvenes fue extraordinaria."

IVONNE, mamá de Mau

EL CÍRCULO DE VIDA

Susan Whitmore

Después de once largas horas de dolor, allí estaba ella: su cabello castaño marrón, vívidos ojos azules, linda nariz chata, cara redonda y labios carnosos. Era tan hermosa; fue amor al instante. Supe en ese momento que mi vida nunca sería la misma.

El círculo de vida había comenzado.

Era el año 1970 y su nombre era Erika. Ella fue mi única hija. Yo era una madre feliz y contenta. Erika era todo para mí; mi significado y propósito en la vida. Viajamos a través de nuestras vidas juntas, nunca dando por sentado nuestro regalo de amor.

Treinta años pasaron volando y Erika se había convertido en una mujer hermosa y cariñosa. A medida que nos preparábamos afanosamente para su boda, rebosábamos de emoción. Yo estaba muy orgullosa de quien ella era, pero no pudo ser... A veces la vida simplemente tiene sus propios planes. Así fue en nuestro caso. Con la más absoluta incredulidad, escuchamos el diagnóstico: Erika tenía una forma rara de cáncer.

Nuestro círculo de vida había sido asaltado.

Si las oraciones pudieran salvar la vida de una persona, entonces Erika habría vivido para siempre. Nos enteramos de que no todas las oraciones son contestadas en la manera que se piden. En mayo de 2002, a medida que rodeamos y estrechamos a Erika con nuestros cuerpos y la animamos con nuestro amor, una vez más miré sus hermosos ojos azules, pero esta vez para tomar su último aliento. Yo no podía creer lo que mis ojos y mi corazón destrozado me dijeron que era cierto.

Después de once largos meses de dolor, ahí estaba ella con el pelo castaño, vívidos ojos azules, linda nariz chata, cara redonda y labios carnosos. Ella quedará siendo para siempre así de hermosa. Supe en ese momento que mi vida nunca más sería la misma.

El círculo de vida se había roto.

Siempre seré la madre de Erika. Nada cambia eso. A medida que los días avanzan y sigo mi camino de la vida sin Erika, extraño todo sobre ella: su risa, su sonrisa, su aroma, su belleza, su creatividad, sus formas de amar y dar, su risita, su consejo, los desacuerdos, las largas llamadas telefónicas, nuestras comidas juntas, ir de compras, las vacaciones, que me llame "mamá", y la forma en que me hizo sentir sobre mí como persona, madre y amiga.

Nadie puede decirle a otro cómo llevar el duelo. El duelo por la pérdida de un hijo no viene con un manual. Nuestras formas individuales de duelo son tan diferentes como nuestros genes, y el dolor no es un proceso lineal. Al principio, deseé estar muerta. No podía ni comer ni dormir. Todo me dañaba, incluso el color radiante de una flor. Había perdido todo significado y propósito en la vida. Estaba aprendiendo a aceptar que esto era algo que yo nunca acabaría por "superar". De hecho, ayer mismo me sorprendí acurrucada hecha una bola, sollozando incontrolablemente por el dolor, y sin embargo, hoy estoy bien. A medida que los minutos, horas, días y semanas evolucionan, comienzo a sentir que vale la pena vivir la vida de nuevo. Me doy cuenta por fin de que el único camino equivocado para llorar es no llorar en absoluto.

Al igual que las marcas en una valiosa antigüedad son indicadores de la vida que ha llevado, así también lo son las cicatrices de mi dolor ante la pérdida. Lo que me mantiene día tras día es el amor eterno y el apoyo de los que se comprometieron a continuar conmigo sin ponerle un límite de tiempo a mi tristeza.

Puede que el dolor no disminuya; no después de un año, o cinco, o diez. Para otros, estos periodos pueden parecer suficientes para la recuperación y el cierre, pero para las madres y padres en duelo, un año es un simple abrir y cerrar de ojos.

EL AMOR ES MÁS FUERTE

308 • CUANDO EL AMOR ES MÁS FUERTE QUE LA MUERTE

La esperanza es la única y verdadera palabra mágica para mí, porque con ella puedo soportar la realidad desgarradora de la ausencia de Erika: la esperanza de que será más fácil si trabajo duro, con el tiempo; la esperanza de que voy a ir a vivir una vida con sentido tal y como otros lo han hecho; la esperanza de que mi pérdida indescriptible ayude a otras personas que viajan por este penoso camino que nadie desea recorrer.

En ese espíritu de esperanza hemos cerrado el círculo de vida.

EL AMOR ES MÁS FUERTE

12

RECOMENDACIONES PARA FAMILIARES Y AMIGOS

Mucha gente no sabe cómo acercarse ni qué decir; me molestaban muchas cosas que me decían o sugerían en esos momentos.

RAQUEL, mamá de Jaim

Es mejor no recomendar

"Sólo guardaría silencio, escucharía y después abrazaría con mucho amor."

PALOMA, mamá de Álvaro

....

"Sólo acompañar... Sólo lo acompañaría... No daría recomendaciones, sólo acompañaría."

GLORIA, mamá de José Gustavo

....

"Muchas personas no saben cómo actuar ante alguien que quieren o estiman al verlo sufrir, sobre todo si nunca han sufrido ellos mismos una pena tan dolorosa. Otras personas, aunque la hayan vivido, sólo saben hablar de la pena propia y no escuchan. Otras son condescendientes, y eso no ayuda.

"Pero al final cada quien es diferente, tanto los que estamos en duelo como los que nos rodean, y enunciar las características y expectativas de cada uno es imposible. Algunos querrán que los lleven de fiesta para olvidar, aunque eso no sea sano; ¿qué les dirías: 'Eso no te conviene'? Tal vez después puedas platicarlo con calma y tratar de hacerle entender que hacerlo no le ayuda... Claro que hay que saber escuchar y no opinar o exponer tus propias penas, a menos que te lo pidan o pregunten. En resumen, creo que al final todo depende de la intuición, la sensibilidad, la inteligencia y los valores de cada persona."

JUAN CARLOS, papá de Diego

Sé paciente

"El duelo es como las enfermedades: sólo el paciente puede vivir el proceso."

SANTIAGO, papá de Tomás y Santiago

....

"Sean pacientes y tolerantes."

MARCELA, mamá de Chema y Santiago

Permítete estar presente con afecto y respeto

"Cuando ya llevas un tiempo recorrido en esta vivencia, sabes que tienes infinidad de cosas que podrías decir, pero más que nadie nosotros comprendemos que todo tiene su momento. Lo que yo hago es escuchar con amor, abrazar y responder a mi entender sólo lo que preguntan, nada más."

LAILA, mamá de Anuar

....

"Todo mundo quiere ayudar y recomendar cosas, pero desgraciadamente no es fácil al no haber experimentado en carne propia un evento de esa naturaleza. Me queda claro que el ser solidario, afectuoso, cariñoso, compasivo y prudente es lo que debe de predominar."

MIGUEL, papá de Miguel

....

"No siempre se tiene que decir algo, pero es importante estar y escuchar; tal vez esto es más importante que las palabras."

LAILA, mamá de Anuar

La compañía amorosa de familiares y amistades

"Es muy importante la presencia y cercanía amorosa de amigos y familiares durante el proceso. Aunque haya ya pasado algún tiempo, el doliente necesita del apoyo, ayuda bien dirigida y, sobre todo, del amor de los que le rodean para salir adelante."

LAILA, mamá de Anuar

....

"La amistad es apreciada más que nunca."

SANTIAGO, papá de Tomás y Santiago

Dales un apoyo fortalecedor

"Aunque estamos en un momento en que se tiene la mente dispersa y distraída, se percibe muy bien quiénes te saben dar el espacio respetuoso para expresar tu dolor, tus lágrimas o tu silencio, quiénes te dan contención con su mirada y con su afecto sincero."

LAILA, mamá de Anuar

....

"Acompañamiento silencioso. Nos hace bien que alguien nos tome de la mano, una mirada, un abrazo; sin palabras, ya que no hay palabras que nos consuelen. Muchas veces la intención no es mala, pero al no saber qué decir se nos hiere."

LETY, mamá de José Pablo y Milly

....

"Apoyar; no dejar de estar presente, pero respetar también espacios y tiempos."

GALIA, mamá de Tamara

....

"Su apoyo es fundamental en el proceso de duelo."

MÓNICA, mamá de Pierre

....

"Es importante respetar su tiempo y permitirse acompañarlo no sólo en su proceso de duelo, sino también en su proceso de vida."

GLORIA, mamá de José Gustavo

Demuestra afecto

"Abrácenlos mucho."

MÓNICA, mamá de Pierre

Una reflexión para compartir ━━━━━━━━━

El dolor no es una condición infecciosa, no se contagia si abrazo o permanezco cerca de una persona en duelo. Pero es importante sólo abrazar si la persona desea ser abrazada, y en ocasiones es correcto y pertinente preguntar si nos permite abrazarla.

Permitirles vivir su proceso

"Déjalo vivir intensamente su duelo, y pasado un tiempo acompáñalo a reiniciar la vida nuevamente."

PALOMA, mamá de Álvaro

Permítete
tan sólo estar

"Permítete estar ahí, junto a ellos, sin dejar de respetar su espacio."

PALOMA, mamá de Álvaro

Escúchalos hablar de sus recuerdos

"Permítanles hablar de sus hijos, hablar de sus recuerdos, tenerlos presentes…"

MARCELA, mamá de Chema y Santiago

No los fuerces

"Respetar el silencio."

Lupita, mamá de María

·····························

"No los obliguen a hacer lo que ellos no quieren o no están para hacer aún. No decidan por ellos."

Marcela, mamá de Chema y Santiago

·····························

"Acompañen sin invadir."

Lety, mamá de José Pablo y Milly

Permitirles llorar

"Déjalos llorar y hablar del tema…"

Carolina, mamá de Pato

·····························

"No traten de evitar que lloren."

Marcela, mamá de Chema y Santiago

Evita decir frases sin sentido

"Evita decirles frases como: 'Fue mejor así', 'Dios lo escogió', 'Tenemos un angelito en el cielo', 'Ya es tiempo de superarlo', 'Échale ganas', 'Tienes que resignarte', 'Tienes que superarlo', 'La vida sigue', 'Podía haber sido peor', 'Tienes que ser fuerte', 'El tiempo todo lo cura', 'Dios le da las pruebas más fuertes a quienes pueden resistirlo', etcétera. Nada de eso ayuda. Una vez una mamá me dijo contenta y convencida: 'Dios escogió a tu hijo', y me dieron ganas de contestarle: 'Si es tan hermoso, ojalá la próxima vez escoja al tuyo'."

Marcela, mamá de Chema y Santiago

"Frases del tipo: 'Dios se lo llevó porque necesitaba un ángel en el cielo', 'Tu hijo está con Dios en el mejor lugar', 'Dios sabe por qué hace las cosas', etcétera, lo único que hacen es que odies a Dios. El silencio ayuda más que las palabras."

Mónica, mamá de Pierre

El silencio es sagrado

"Si no encuentran qué decir, no digan nada; sólo acompañen con su presencia y cariño."

Marcela, mamá de Chema y Santiago

....

"Si no hay qué decir o dudan en decir algo por temor a un padre o madre dolida, lo mejor es el silencio."

Lety, mamá de José Pablo y Milly

Sé comprensivo

"No cuestionen el porqué de ciertas actitudes y decisiones."

Laura, mamá de Diego

....

"Comprendan, no los critiquen ni los juzguen."

José Luis, papá de José Pablo y Milly

Ayúdales con las labores cotidianas

"Necesitamos a alguien que colabore silenciosamente con nuestros demás hijos, si es que los hay, y con las labores de casa sin entrometerse más allá de lo necesario, ya que el padre o madre despojada, cuando se recupere un poco, querrá tomar su lugar y sus labores sin sentirse invadida."

Lety, mamá de José Pablo y MIlly

Dales tiempo

"Déjalos llorar el tiempo que sea necesario."

LAURA, mamá de Diego

....

"Estén muy cerca, pero dejen un espacio para que lloren los papás y mamás."

SANTIAGO, papá de Tomás y Santiago

....

"La familia necesita su tiempo de duelo y nadie debería apresurarlo. A mí me lastimaba que la gente me dijera que ya quería verme bien: 'Ya quítate el negro', 'Ya sal a fiestas o reuniones'... Yo no contestaba, porque no saben lo que se sufre con esto."

LAURA, mamá de Diego

Saber que el dolor persiste

"Es importante que sepan que a pesar del paso del tiempo el dolor sigue, que es normal verlos tristes o que no quieran hacer lo que hacían."

CAROLINA, mamá de Pato

Invítales a distraerse

"Animarlos a salir y hacer otras actividades, sin presionar, sólo con el deseo de que se distraigan."

CAROLINA, mamá de Pato

Ayúdales a encontrar apoyo especializado

"Ayúdales a buscar un apoyo especializado (tanatólogo, psicólogo, psiquiatra o grupo de autoayuda) que les haga sentir que no están solos, en donde los traten con cariño y les digan que hay padres a los cuales se nos han muerto nuestros hijos en diferentes circunstancias, y que a través de un proceso hemos superado el dolor y el sufrimiento; en donde les digan que es posible continuar viviendo y con el tiempo iniciar nuevos proyectos de vida, a pesar de haber enterrado a nuestros hijos."

José Luis, papá de José Pablo y Milly

La oración colectiva

"Fortalece que la gente se una a ti en fervorosa oración por el eterno descanso de su alma."

Laila, mamá de Anuar

¿QUIERES AYUDAR?

Quiero compartir contigo algunas lecciones que he aprendido a lo largo de mis años de servicio pastoral. Si te preguntas cómo puedes ayudar al doliente para brindarle consuelo, para disminuir su dolor, para reforzar su fe, he aquí algunas sugerencias.

Mantente en contacto con tus propios sentimientos

No te separes emocionalmente de la familia afligida. Convertirte en una parte integral del dolor establece una relación para poder compartir. También tú expresa tus sentimientos. Mostrar tus emociones no significa perder la objetividad.

Sé una presencia de apoyo

No hay respuestas que puedan darse en el momento de la muerte. Es difícil consolar al enlutado cuando su herida está frente a él o ella. "Estar ahí" es la forma de expresar tu apoyo. Escucha, ofrece tu mano, tu hombro y hasta un abrazo. El silencio es valioso y señal de respeto. Deja que el enlutado hable, pídele que te cuente sobre su hijo o hija.

Acepta el sufrimiento y la dolorosa pena

La pérdida causa un enorme dolor y destroza emocionalmente. No creas que si una persona es "fuerte" o "tiene fe" no va a permitirse expresar sentimientos y emociones profundas. Es sano lamentarse. Evita frases trilladas como: "Bueno, pueden tener más hijos", "Es la voluntad de Dios", "Está mucho mejor ahora" o "Ahora está con Dios". Estas ideas no necesariamente causan consuelo, más bien irritan.

Deja lugar para el silencio

Cuando estés frente a padres o madres que hayan pasado por la muerte de un hijo o una hija, o en otras circunstancias trágicas, hace falta medir muy bien las palabras. El silencio siempre deja un espacio donde la familia puede llorar, gritar de la ira, dudar, rogarle a Dios o mantenerse en un doloroso silencio. Un silencio de apoyo es a veces lo más valioso.

Mantente disponible cuando todos se van

Las familias enlutadas reciben atención durante la primera semana, pero después de eso, la gente desaparece y las personas o familias se sienten solas y aisladas. Ése es el momento más importante. ¡Realiza una visita personal! Llama por teléfono para que sepan que los recuerdas. Intenta ser sensible, especialmente cerca de las fiestas o el aniversario de su muerte. Menciona el nombre del fallecido y ayuda a recordar tanto los momentos de dicha como los de tristeza. Abrázalos.

Da consuelo

Debes estar presente y escuchar, realmente escuchar. Ayuda a los dolientes a descubrir que incluso en los momentos de mayor pena en la vida hay un destello que muestra que Dios sigue presente y trabaja en la vida de Su gente. Comparte tu fe y creencias religiosas de una manera delicada. Recuerda que nada puede comunicar mejor el amor de Dios que tu presencia y apoyo.

De niños aprendemos a hablar,
y como ancianos
aprendemos el silencio.
Éste es el gran
defecto que tenemos:
aprendemos a hablar
antes de aprender a guardar silencio.

RABÍ NAJMÁN DE BRATSLAV

III

1

LO QUE APRENDIMOS
EN LA OSCURIDAD

Mantén vivo nuestro amor, nunca me desvaneceré.
Recuérdame
porque pronto me habré ido.
Recuérdame
y que el amor que tenemos viva.
Y sé que estoy contigo de la única manera en que puedo ser,
así que hasta que vuelvas a estar en mis brazos,
recuérdame.
"Recuérdame", tema principal de la película Coco

Y entonces un día te das cuenta de que todo
comienza de nuevo...
Y eres capaz de volver a sonreír.

Después de la noche, un nuevo día

"Es importante quitarnos la obsesión de que es antinatural morirnos antes que los hijos. No hay tal regla. La muerte de los demás, como la nuestra, es parte de la vida. Por eso, gozar a nuestros seres queridos es lo que más nos va a preparar para cuando alguno ya no esté."

SANTIAGO, papá de Tomás y Santiago

....

"La lógica nos lleva a afirmar que los hijos enterrarán a los padres, pero la vida no es así y hay que aprender a vivirla como viene, y seguir intentado que sea lo más parecido a lo que deseamos."

GLORIA, mamá de José Gustavo

....

"Cuando te enfrentas a la muerte de un ser tan querido y vital, cuando enfrentas la delgada línea que hay entre la vida y la muerte, tus expectativas cambian... Tal vez se aprende a vivir más en el ahora, temiendo a planear muy a futuro."

LAILA, mamá de Anuar

....

"Las circunstancias difíciles o los traumas permiten desarrollar recursos que se encontraban latentes y que desconocías."

IVONNE, mamá de Mau

....

"A diario trato de mejorar y ser más feliz; definitivamente, mi forma de ser ha cambiado, he aprendido mucho... Ello es consecuencia de ese evento tan triste."

SANTIAGO, papá de Tomás y Santiago

"Ha sido muy doloroso haber perdido a mis hijos, pero a través de su muerte he aprendido a valorar la vida realmente y a vivirla con calidad. No ha sido fácil, pero ha valido la pena llevar a cabo el proceso del duelo por sus muertes.

"Para mí, mis hijos continúan viviendo en cada parte de mi vida, les doy las gracias por todo lo que me han enseñado aun ya muertos. La vida me ha enseñado que las adversidades son nuevas oportunidades para cambiar, experimentar la paz interior y realmente ser feliz."

José Luis, papá de José Pablo y Milly

....

"Mi hijo Chema me dio la oportunidad de ser mamá y de disfrutarlo al máximo. Su muerte es por mucho la experiencia más difícil y dolorosa de mi vida, mucho más terrible que la muerte de mi bebé; sin embargo, ha sido también la más enriquecedora, de mayor crecimiento, de mayor aprendizaje. Jamás hubiera creído que sería capaz de sentir tanto dolor, resistirlo y superarlo."

Marcela, mamá de Chema y Santiago

....

"Mi relación con mi esposa es buenísima, ya que siento, y se lo he dicho, como si estuviéramos iniciando nuevamente nuestro matrimonio, que estamos viviendo en una luna de miel, que desearía fuese interminable...

"Continúo trabajando como abogado y también colaboro en el trabajo que tiene mi esposa con grupos de padres que han perdido a sus hijos o hijas, así como en la red de padres y madres con hijos e hijas con alguna discapacidad. Me siento feliz en este aspecto."

José Luis, papá de José Pablo y Milly

SIETE COSAS QUE HE APRENDIDO DESDE LA PÉRDIDA DE MI HIJO

Ángela Miller

La pérdida de un niño es una pérdida como ninguna otra. Una a menudo mal entendida por muchos. Si amas a un padre afligido o conoces a alguien que lo hace, recuerda que incluso sus días "buenos" son más difíciles de lo que puedas imaginar. Compasión y amor, no consejos, son lo que se necesita. Si quieres saber de primera mano por qué la pérdida de un hijo es un dolor que dura toda la vida, esto es lo que he aprendido en mis siete años de caminata a través de lo inimaginable.

1) El amor nunca muere

Nunca pasará un día, una hora, un minuto o un segundo en que dejaré de amar o pensar en mi hijo. Así como los padres de niñas y niños vivos los aman incondicionalmente siempre y para siempre, también lo hacen los padres desconsolados. Quiero pronunciar y escuchar su nombre de la misma manera en que lo hacen los padres felices. Quiero hablar de mi hijo fallecido con la misma naturalidad con que usted habla de sus familiares vivos.

Amo a mi hijo tanto como usted ama a los suyos: la única diferencia es que el mío vive en el cielo y hablar de él es, por desgracia, bastante tabú en nuestra cultura. Espero cambiar eso. Nuestra cultura no es muy buena para escuchar que los niños se fueron demasiado pronto, pero eso no me impide decir el nombre de mi hijo y compartir su amor y su luz en todos los lugares a los que voy. Sólo porque pueda hacerte sentir incómodo, no significa que él me importe menos. La vida de mi hijo fue corta, irreversiblemente corta, pero su amor perdurará por siempre.

2) Los padres en duelo comparten un vínculo indescriptible

En mis siete años navegando por el mundo como una madre afligida, continuamente me sorprende la fuerza del vínculo entre los padres y madres que sufren. Los extraños se convierten en parientes en cuestión de segundos: una mirada, un latido especial del corazón nos conecta, incluso si nunca nos hemos visto antes. No importan nuestras circunstancias, quiénes somos o cuán diferentes somos; no hay un vínculo más grande que el vínculo entre los padres y madres que entienden la agonía de soportar la muerte de un hijo o una hija. Es un dolor que sufrimos durante toda la vida, y desafortunadamente sólo aquellos que han recorrido el camino de la pérdida infantil comprenden la profundidad y la amplitud del dolor y del amor que llevamos.

3) Me entristeceré durante toda la vida

Punto. No hay forma de "seguir adelante" o "superarlo". No hay solución para el dolor de mi corazón. No hay un límite para las formas en que voy a llorar, ni un tiempo para dejar de hacerlo. No hay pegamento para mi corazón roto, ni medicina para mi dolor, ni manera de retroceder el tiempo. Mientras respire, lloraré, sufriré y amaré a mi hijo con todo mi corazón y mi alma. Nunca llegará el momento en que no piense en quién sería mi hijo, cómo sería y cómo se integraría perfectamente en el tapiz de mi familia. Desearía que la gente pudiera entender que el dolor dura para siempre, porque el amor dura para siempre. La pérdida de un hijo no es un evento finito, es una pérdida continua que se desarrolla minuto a minuto a lo largo de la vida. Cada cumpleaños perdido, cada vacación, cada momento importante; debían de ser años de regreso a la escuela y graduaciones, bodas que nunca serán, nietos que nunca nacerán, una generación entera de personas es irrevocablemente alterada para siempre.

Por eso el dolor dura para siempre. El efecto de onda dura para siempre. El sangrado nunca se detiene.

4) Es un club que nunca podré dejar, pero está lleno de las almas más brillantes que he conocido

Este grupo llamado "perder a un hijo" es uno al que nunca quise unirme, y del que no puedo irme, pero está lleno de algunas de las mejores personas que he conocido. Y, sin embargo, todos deseamos poder abandonar el barco, creer que podríamos habernos encontrado de otra manera, de cualquier otra forma que no sea ésta. Es una desgracia que sea así, porque estas almas brillantes son las más bellas, compasivas, aterrizadas, amorosas, conmovedoras, estremecedoras y sanadoras que he tenido el honor de conocer. Cambian la vida, cambian el juego, son implacables sobrevivientes y prósperas. Madres y padres luchadores que redefinen la palabra *valiente*.

Cada día, los padres en pérdida mueven montañas en honor a sus hijos que se fueron demasiado pronto. Comienzan movimientos, cambian leyes, encabezan cruzadas de activismo incansable. ¿Por qué? Porque esperan evitar que al menos un solo padre o madre ingresen en el club. Si alguna vez te has preguntado quiénes son algunos de los más grandes transformadores del mundo, pasa el tiempo con algunos padres desconsolados y observa cómo viven, observa lo que hacen en un día, una semana, toda la vida. Observa cómo convierten su pena en una fuerza notable, observa cómo convierten la tragedia en transformación, la pérdida en legado.

El amor es la fuerza más poderosa en la tierra, y el amor entre un padre afligido y su hijo es una fuerza vital para la vista. Date la oportunidad de conocer a un padre afligido. Estarás agradecido de haberlo hecho.

5) El espacio vacío nunca se llena de nuevo

Silla vacía, habitación vacía, espacio vacío en cada foto familiar. Vacío, vacante para siempre. Espacios vacíos que deben estar llenos, donde quiera que vayamos. Hoy y siempre habrá un espacio perdido en nuestras vidas, en nuestras familias; un agujero que se quedará para siempre en nuestros corazones. El tiempo no hace al espacio menos vacío. Tampoco los lugares comunes, los clichés o los buenos deseos de "seguir adelante" o "no dejar de vivir", de amigos o familiares bien intencionados. No importa cómo lo mires, el vacío sigue vacío, la ausencia sigue haciendo falta. El problema es que nada puede llenarlo. Minuto tras minuto, hora tras hora, día tras día, mes tras mes, año tras año desgarrador, el espacio vacío permanece. No importa cuánto tiempo haya pasado.

El espacio vacío de nuestros hijos e hijas que han partido dura toda la vida. Y así, los echamos de menos para siempre. Ayúdanos sosteniendo el espacio de esa verdad para nosotros.

6) No importa cuánto tiempo haya pasado, las celebraciones nunca se hacen más fáciles sin mi hijo

Nunca. ¿Te has preguntado alguna vez por qué cada día festivo es como una tortura para un padre en duelo? ¿Incluso si han pasado 5, 10 o 25 años? Es porque realmente son horribles. Imagínate que tuvieras que vivir todas las fiestas sin uno o más de tus preciosos hijos. Imagina cómo se siente eso. Sería más fácil perder un brazo, una pierna o dos, cualquier cosa, que vivir sin tu cuerpo, sin el latido de tu corazón. Casi cualquier cosa sería más fácil que vivir sin uno de tus queridos hijos. Es por eso que los días de celebración son siempre y para siempre difíciles para los padres en duelo. No te preguntes por qué, ni siquiera trates de entender. Debes saber que no tienes que entender para ser una presencia de apoyo. Considera apoyar y amar a algunos padres y madres desconsoladas en cada temporada de fiestas. Será el mejor regalo que puedas darles.

7) Porque conozco una profunda tristeza, también conozco una alegría inefable

Aunque lamentaré la muerte de mi hijo para siempre y un poco más, no significa que mi vida carezca de felicidad y alegría. Muy por el contrario. De hecho no es una ni otra, son ambas al mismo tiempo. La pena y la alegría pueden convivir. Mi vida es más rica ahora: vivo desde un lugar más profundo, y amo aún más profundamente. Debido al dolor, también conozco una alegría como ninguna otra. El gozo que experimento ahora es mucho más profundo e intenso que la alegría que experimenté antes de mi pérdida. Ésa es la alquimia del dolor.

Porque me he abierto camino desde las profundidades del dolor, el sufrimiento y la tristeza inimaginables, una y otra vez, cuando llega la alegría (y siempre que lo hace) reverbera a través de cada poro de mi piel y cada hueso de mi cuerpo. Lo siento todo, profundamente. Abrazo y agradezco cada bendita parte. Mi vida ahora es más rica, vibrante y plena, no a pesar de mi pérdida, sino a causa de ella. En el dolor hay regalos, a veces muchos. Estos regalos de ninguna manera hacen que todo valga la pena, pero estoy más que agradecida por cada uno de los que se me presentan. Inclino la cabeza a cada uno y digo gracias, gracias, gracias. Porque no hay nada, y quiero decir absolutamente nada, que yo dé por sentado. Vivir la vida de esta manera me da más alegría de la que jamás he creído posible.

Tengo que agradecerle a mi hijo por eso. Ser su madre es el mejor regalo que me han dado.

Ni siquiera la muerte puede quitarme eso.

➡ *Y tú, ¿qué aprendiste de la oscuridad?*

_____

_____

_____

_____

_____

_____

_____

_____

_____

_____

_____

_____

_____

_____

_____

_____

_____

_____

2

A MANERA DE UN FINAL...

Nuestro hijo será eternamente parte de nosotros
y seguirá teniendo un irremplazable lugar por siempre.
La muerte no tocó el amor por nuestro hijo,
sigue latente en nuestro corazón.
Su ausencia camina junto a nosotros en cada acto que realizamos.

LAILA, mamá de Anuar

Y un día el Sol vuelve a salir, un día brilla;
no sabes por qué, pero lo aceptas, lo recibes y lo agradeces.

La vida toda recomenzó… Creo que para ello tuve que renacer.

El tiempo no espera, ¡hay que vivir ahora!,
profundamente, apasionadamente,
sabiéndote finito.

GLORIA, mamá de José Gustavo

J ean de la Bruyère escribió: "La muerte no llega más que una vez, pero se deja sentir a lo largo de toda nuestra vida". Una profunda frase que refleja las sensaciones que experimentamos todos aquellos que hemos enfrentado la muerte de un ser muy querido, y mucho más aún quienes pasaron por la experiencia de la muerte de un hijo o una hija.

Conocemos el amor de un hijo o una hija que llegan a nuestra vida y sentimos que estamos completos, sea como madres o como padres. Y cuando esa vida nos es arrancada, el dolor nos ahoga con la misma intensidad con que amamos. Y comienza el sufrimiento, el proceso del duelo, el valle de la oscuridad que debemos atravesar. Y cuando lo logramos, y vemos llegar el amanecer de un nuevo día, renacemos más maduros, más completos, y especialmente con una compasión que desconocíamos.

Todo es parte de nuestro viaje personal. Aprendimos que el dolor y el sufrimiento son el precio del amor. Reconocemos con humildad que no fuimos educados para dejar ir, y que la muerte no es una elección. Y debemos aprender a vivir desconsolados en un nuevo estado. Y cada uno debe decidir qué partes del pasado quiere cargar consigo en el viaje de su vida.

Quiero contarles un relato que hace tiempo escuché de boca de mi maestro Elie Wiesel, de bendita memoria:

Un anciano sabio, en una pequeña aldea, cuando sentía que la melancolía invadía su ser, acostumbraba a ir un lugar especial en un bosque cercano donde encendía un fuego, recitaba una plegaria y cantaba una melodía. Años más tarde, uno de sus discípulos que escuchó la historia quiso repetir la acción de su maestro. Él conocía el camino al bosque y sabía encender el fuego, pero no recordaba la melodía. Tiempo después, el sabio en turno, discípulo del segundo, lleno de curiosidad lo intentó. Él sabía el camino al bosque, pero no sabía cómo encender el fuego y no conocía la melodía. Cuando fue el turno de dejar el lugar a la siguiente generación, el nuevo sabio caminó buscando el bosque, pero se detuvo en el camino, se sentó sobre una roca y sosteniendo su cabeza entre sus manos, exclamó: "Dios, no puedo encender el fuego ni sé la melodía; peor aún, ni siquiera puedo encontrar el lugar en el bosque. Todo lo que puedo hacer es recordar la historia. Eso debe ser suficiente".

Y esto también fue suficiente. Aquel camino al bosque es el camino secreto que juntos recorrimos con nuestro hijo, con nuestra hija; el fuego es el amor que encendimos, donde las imágenes, como las llamas, reflejaban esos mágicos momentos únicos, de risas y llantos, de abrazos y separación, de dolor y de consuelo; y aquella melodía es nuestra favorita.

Queridas mamás, queridos papás, quedan en estas páginas muchas lágrimas entrelazadas: por un lado, las que ustedes han derramado al leer el texto y encontrar sus propias palabras, su propia historia, al evocar la joya que un día recibieron como un préstamo y que les fue reclamada; y, por otro lado, las de cada una de las personas que les dimos forma con relatos, consejos y enseñanzas. Para los padres que participaron en la creación de nuestro libro, estoy seguro de que, en muchos espacios, nuestras lágrimas y las suyas se entrelazaron. Han tenido ustedes un corazón lleno de compasión por otros padres y madres.

Recordemos los sueños interrumpidos, y busquemos en este bosque el eco de su voz y su sonrisa para que podamos declarar cuánto los queremos y cómo nos hacen falta. Con el tiempo, aprendí que, si bien la música de nuestra vida quedó como una sinfonía inconclusa, la melodía de quienes han partido está grabada en nuestras almas; las personas solamente mueren cuando son olvidadas. Y nuestras hijas e hijos están presentes en nuestra memoria, nuestros recuerdos, nuestras melodías y nuestro amor infinito.

Al amanecer y al atardecer, los recordamos.
Cuando sopla el viento y en el frío del
invierno,
los recordamos.
Al abrirse las flores y en el renacimiento de la
primavera,
los recordamos.
En el azul del cielo y en lo cálido del verano,
los recordamos.
Con el rumor de las hojas y en la belleza del
otoño,
los recordamos.
Al principio del año y cuando termina,
los recordamos.
Mientras vivamos, ellos también vivirán,
ya que ahora son una parte de nosotros
al recordarlos.

Recuerda la historia, los momentos,
la melodía.

Al final, el amor volverá en una forma diferente.

La muerte termina una vida, pero no termina
una relación.

DESPEDIDA

· ·

Mientras recorremos el camino del luto hacia un tiempo de sanación en nuestras vidas, que nuestra gran comunidad, nuestra familia, nuestros amigos y conocidos nos rodeen de amor y cuidados.

Que sea el recuerdo de nuestros amados hijos, de nuestras amadas hijas, una dulce y duradera bendición.

Nunca sabes qué disparará el dolor. Puede ser una canción, una foto, un cruce de calles, el aroma de una taza de café... Puede ser cualquier cosa.

Aprende que *el sufrimiento es el precio de haber amado*. Y eso es sano. Si no hubiera amor, no habría dolor. Porque "si no me hubiera sentado en la oscuridad, no habría visto la luz". "La muerte no llega más que una vez, pero se deja sentir a lo largo de toda nuestra vida".

Recuerda que "es muy probable que pierdas cada cosa que amas, pero al final el amor volverá de forma diferente". "Cambia, todo cambia; cambia, cambia todo, cambia... Pero no cambia mi amor, por más lejos que me encuentre, ni el recuerdo, ni el dolor..."

Las olas seguirán llegando. Pero debes aprender que entre una y otra hay vida. Saldrás adelante.

El escritor Haruki Murakami escribió esta reflexión: *"Una vez que la tormenta termine, no recordarás cómo lo lograste. Ni siquiera estarás seguro de si la tormenta ha terminado realmente. Pero una cosa sí es segura: cuando salgas de esa tormenta, no serás la misma persona que entró en ella. De eso se trata esta tormenta".*

Estamos seguros de que este proceso de duelo y sanación nos ayudará a ser personas más completas y con vidas con un sentido más noble. Que cuando la "tormenta" se transforme en un cálido arcoíris podremos sonreír evocando, amar la vida y descubrir que sobrevivimos al naufragio y aprendimos a surfear las olas de la vida.

Recordemos que el amor es más fuerte que la muerte. Contemos la historia. Cantemos la melodía. No olvidemos que: "El momento más oscuro de la noche es exactamente el instante previo al amanecer", y que: "Las cicatrices en el alma son un testimonio de una vida llena de amor".

Puedes llorar porque se fue, o sonreír porque vivió. Puedes cerrar los ojos y rezar que vuelva, o abrir los ojos y ver todo lo que ha dejado. Tu corazón puede estar vacío porque no puedes verlo, o llenarse del amor que compartieron. Puedes darle la espalda al mañana y vivir por el ayer, o alegrarte con el mañana por todos tus ayeres. Puedes recordarlo o recordarla sólo porque se fue, o atesorar su recuerdo y permitir que siga vivo. Puedes llorar y cerrar tu mente, sentirte vacío y dar la espalda, o hacer lo que él o ella querrían: sonreír, abrir los ojos, amar y seguir adelante.

ANÓNIMO

Abrazos y bendiciones de amor. No estás sola, no estás solo: estamos juntos.

México, julio de 2019
Nuestros correos: mrittner@gmail.com
agladys@techpalewi.org.mx

REFERENCIAS BIBLIOGRÁFICAS

Bowlby, John, *La pérdida afectiva. Tristeza y depresión*. Buenos Aires: Paidós, 1990.

Fonnegra de Jaramillo, Isa, *De cara a la muerte*. Santiago de Chile: Andrés Bello, 2001.

Kübler-Ross, Elizabeth, *Una luz que se apaga*. Ciudad de México: Pax, 1985.

Kübler-Ross, Elizabeth y David Kessler, *Sobre el duelo y el dolor*. Ciudad de México: Editorial Pax, 2009.

Kushner, Harold S., *Cuando a la gente buena le pasan cosas malas*. Nueva York: Vintage Books, 1996.

Lukas, Elisabeth, *En la tristeza pervive el amor*. Ciudad de México: Paidós, 2011.

—————————, *También tu sufrimiento tiene sentido. Alivio en la crisis a través de la logoterapia*. Ciudad de México: Ediciones Lag, 2011.

Neimeyer, Robert A., *Aprender de la pérdida. Una guía para afrontar el duelo*. Ciudad de México: Paidós, 2014.

Pangrazzi, Arnaldo, *El duelo. Experiencias de crecimiento*. Bogotá: Cencapas-Selare, 1992.

Payàs Puigarnau, Alba, *Las tareas del duelo. Psicoterapia del duelo desde el modelo integrativo-racional*. Ciudad de México: Paidós, 2016.

—————————, *El lenguaje de las lágrimas*, Ciudad de México: Paidós, 2016.

Pérez Trenado, Magdalena, *El proceso de duelo y la familia*. Disponible en: <https://docplayer.es/17097880-El-proceso-de-duelo-y-la-

familia-magdalena-perez-trenado-centro-iluntze.html>. Consultado el 4 de julio del 2019.

Raimbault, Ginette, *La muerte de un hijo*. Buenos Aires: Nueva Visión, 1997.

Rittner, Marcelo, *Aprendiendo a decir adiós. Cuando la muerte lastima tu corazón*. Ciudad de México: Random House Mondadori, 2013.

Roccatagliata, Susana, *Un hijo no puede morir*. Ciudad de México: Random House Mondadori, 2006.

_____, *La otra cara del dolor. Hijos que pierden hermanos*. Ciudad de México: Random House Mondadori, 2006.

Rojas Posada, Santiago, *El manejo del duelo*. Bogotá: Norma, 2005.

Unidad de Víctimas de Accidentes de Tráfico de la Dirección General de Tráfico de España, *Los sucesos traumáticos*. Disponible en: <http://www.dgt.es/Galerias/seguridad-vial/unidad-de-victimas-de-accidentes-de-trafico/aspectos-psicologicos/sucesos-traumaticos.pdf>. Consultado el 4 de julio de 2019.

CUANDO
EL AMOR
ES MÁS
FUERTE
QUE LA
MUERTE

Cuando el amor es más fuerte que la muerte de Marcelo Rittner y Ana Gladys Vargas
se terminó de imprimir en noviembre de 2019
en los talleres de
Litográfica Ingramex, S.A. de C.V.
Centeno 162-1, Col. Granjas Esmeralda,
C.P. 09810 Ciudad de México.